JN099135

コーポレート ガバナンス・ コード講義

会社法と
金融商品取引法
との関連性

松岡啓祐〔著〕

Corporate Governance Code

中央経済社

はしがき

　本書は，特に会社法との関連性に重点を置きつつ，コーポレートガバナンス・コード等の実務指針を解説したものである。一歩進んだ会社法の学習のための教材を目指しており，金融商品取引法との関係にも言及している。コーポレート・ガバナンスの仕組みの構築・整備等は会社法の中心的な分野であるが，ここ数年，わが国では，証券取引所によるコーポレートガバナンス・コード（企業統治指針，以下，「ガバナンス・コード」という）を中心として，いわゆるソフトローの整備や活用が進んでいる。また，会社法への影響としては，スチュワードシップ・コード（SSコード）に加えて，ガバナンス・コードを実践するための経済産業省の「コーポレート・ガバナンス・システムに関する実務指針（CGSガイドライン）」等といった各種の実務指針ないしガイドラインも重要になる。そうしたソフトローの意義や内容等については種々の見解が唱えられており，慎重に検討すべき課題も少なくない。ただ，その内容は企業実務において一定程度定着しつつあり，かなり大きな影響力を有していることは間違いない。

　これらのガバナンス・コード等の実務指針はあくまでもソフトローとして，法的拘束力等の点で制定法である会社法（ハードロー）とは区別されるとはいえ，実質的には会社法と密接な関係を持つものであり，企業法制の体系の一部を形成しつつある。特に令和元年の会社法改正も実務指針の動向と平仄を合わせる点も見られる。おそらく今後の会社法改正や判例においても，そうした内容の一部が取り入れられることもありうるであろう。そのため，もとより種々の性質や方向性の違いはあるものの，ガバナンス・コード等の内容の理解は会社法の学習にも有用であるのみならず，上場会社を巡るいわゆる公開会社法制を考えるうえでも役立つ部分を含むように思われる。もともとコーポレート・ガバナンス（企業統治）は会社法の中核である。

　本書が取り上げる各種の実務指針は，従来の企業の社会的責任（CSR）のみならず，企業活動におけるESG（環境・社会・企業統治〔ガバナンス〕）の重視や社会のサステナビリティ（持続可能性）への貢献等といった重要な法理論な

ii

いしソフトローのエッセンスを豊富に盛り込んでおり，現在の企業社会に内包する種々の課題が明らかにされている。そこでは，世界的企業のグローバル・スタンダードとして，SDGs（持続可能な開発目標）も強調され，今後も定期的なフォローアップと改定が予定されている。法と経済学の影響も強い。

こういった新しいトレンドを受けて，会社法は全体の体系のボリュームが広がるとともに，会社法内部においても個々の領域で学説等の議論に基づく理論的な分析・検証作業が一層の厚みを増している。特に「上場会社」に対する会社法制の分野では，公開会社法として会社法と金融商品取引法との一体性・連動性がより強まってきており，本書の扱うガバナンス・コードも同様である。金融商品取引法上，証券取引所による自主ルールはきわめて重視されており，ガバナンス・コードも実質的には資本市場法制（Capital Market Law）の一部といえる。

そのため，本書も適宜，金融商品取引法との関係に触れている。コードの策定主体が証券取引所・金融庁であり，その適用対象も上場会社であることを考えると，むしろ全体が資本市場のルールとも見られうる。ただ，現在の企業法制においては一般に会社法が中心になっており，特に会社法との関連でガバナンス・コードを検討するニーズが多いように思われるため，本書も会社法との比較検討に最も重点を置いている。ガバナンス・コードは会社法との関係が深く，経済情勢の変化等に応じて，同コードとともに制定法である会社法自体も定期的に見直す必要性はますます高まるものと予想される。実際に会社法の代表的な教科書でも，ガバナンス・コードの記述が増えつつあることは周知の通りである。

本書は重要ポイントが理解しやすいように各所に設例（ケース）やポイント等のコラムを付けるなどの工夫をしており，大学や大学院等の講義，ゼミナール等で『最新会社法講義（第4版）』とともに活用すると，より会社法の理解を深めることができる。また，上場会社に対する金融・資本市場のルールである金融商品取引法（金商法）についても，本書と一体性のある内容が多く，『最新金融商品取引法講義（第6版）』も適宜参照して頂きたい。

その意味で，本書は前著である『最新会社法講義』と『最新金融商品取引法講義』に続く，企業法制の3部作のひとつという意味も持つ。前の2冊のハー

ドローと本書の実務指針のソフトローと合わせて，3冊で企業法制ないし資本市場法制の全体像をカバーすることになる。そして，本書の扱うガバナンス・コード等の実務指針は上場会社のみならず，中小企業や各種の法人・組織・団体の運営にとっても示唆に富む内容を多く含むことから，今後様々な影響力を持つものと思われる。世界的なトレンドの影響も大きい。その意味では本書の応用範囲は広く，国際的な企業法制としてのグローバルな汎用性も兼ね備えている。なお，ガバナンス・コードは国内のすべての証券取引所についても重要になるが，本書ではわが国の株式取引の中心である日本取引所グループ傘下の東京証券取引所（東証）のものを中心に説明している。

　本書の構成は，一般の学生や社会人はもとより，法律や会計・金融の専門家といった実務家，司法試験や公認会計士試験等といった各種の資格試験の受験生にも有用であることも意識している。経済学や経営学，法と経済学等の学習にも活用できる。前の2冊は順調に増刷と改訂を続けており，本書のコンパクトでわかりやすい解説という当初目指したスタイルが広く受け入れられていることは幸いである。最後に，前の著書に引き続き，本書の刊行に当たっても企画段階から，中央経済社学術書編集部の露本敦氏に大変お世話になった。厚く御礼を申し上げたい。

　令和4年2月

　　　　　　　　　　　　　　　　　　　　　松岡啓祐

目　次

第1章　コーポレートガバナンス・コードの意義と機能

─── ●ポイント● ───

● 会社法・金融商品取引法の関連テーマ ●

◆参考文献

田中亘＝中林真幸『企業統治の法と経済－比較制度分析の視点で見るガバナンス』(有斐閣，2015年)

ピーター・A・ゴルヴッチ＝ジェームス・シン（林良造監訳）『コーポレートガバナンスの政治経済学』(中央経済社，2008年)

小林秀之＝高橋均『コーポレート・ガバナンスにおけるソフトローの役割』(中央経済社，2013年)

中山信弘編集代表＝神田秀樹編『市場取引とソフトロー』(有斐閣，2009年)

スティーブン・シャベル　田中亘・飯田高訳『法と経済学』(日本経済新聞出版社，2010年)

油布志行＝渡邊浩司＝谷口達哉＝中野常道「コーポレートガバナンス・コード原案の解説［Ⅰ］～［Ⅳ・完］」商事2062号～2065号（2015年)

島崎征夫＝池田直隆＝浜田宰＝島貫まどか＝西原影美「コーポレートガバナンス・コードと投資家と企業の対話ガイドラインの改訂の解説」商事2266号（2021年)

井上俊剛＝島貫まどか＝山田裕章＝西原影美「スチュワードシップ・コードの再改訂の解説」商事2228号（2020年)

越智晋平「『コーポレート・ガバナンス・システムに関する実務指針』(CGSガイドライン）の改訂の解説［上］［下］」商事2182号・2183号（2018年)

コード・判例集等の略称一覧

◆2つのコード等

- コーポレートガバナンス・コード（企業統治指針）…ガバナンス・コードないしCGコード
- 「『責任ある機関投資家』の諸原則《日本版スチュワードシップ・コード》～投資と対話を通じて企業の持続的成長を促すために～」…スチュワードシップ・コードないしSSコード
- 2つのコードの附属文書である金融庁の「投資家と企業の対話ガイドライン」…対話ガイドライン
- コーポレート・ガバナンスに関する報告書…ガバナンス報告書

◆主な判例集の略称について

- 金判　金融・商事判例
- 商事　旬刊商事法務
- 資料版商事　資料版商事法務
- 判時　判例時報
- 判タ　判例タイムズ
- 民（刑）集　大審院・最高裁判所民（刑）事判例集

◆主なその他の略称について

EDINET　Electronic Disclosure for Investors' NETwork
　　　　　　金融商品取引法に基づく有価証券報告書等の開示書類に関する
　　　　　　電子開示システム

東証　　　東京証券取引所

TDnet　　Timely Disclosure network
　　　　　　東京証券取引所の適時開示情報伝達システム

第1章

コーポレートガバナンス・コードの
意義と機能

　この章では，まず会社（企業）の意義と働きを踏まえつつ，コーポレートガバナンス・コードの意義に加え，その全体の構成・拘束力・手法等の機能を考える。次に，ソフトローとしてのガバナンス・コードの性質や，コードに違反した場合の効果等について検討していく。

　証券取引所の重要な情報開示書類である「コーポレート・ガバナンスに関する報告書」とは，どのようなものであろうか。また，プリンシプルベース・アプローチや，コンプライ・オア・エクスプレイン（実施または説明）ルールは，どのように理解されているかを考える。そして，コード全体の概要とその意義について，海外の各国における状況も踏まえつつ，多面的に検討を加えることにしたい。

【設　例】

　衣料品の製造・販売等を行っているＡ株式会社は，証券取引所の上場会社である（株式を公開している企業）。Ａ会社は企業価値の向上を目指し，自社のガバナンスの実効性を高める方策を検討している。

　Ａ会社としては，自社のガバナンスの体制が信頼性の高いものになっているかどうか，株主や取引先等の利害関係者の見方もとても気になる。コーポレート・ガバナンスとは何であろうか。攻めのガバナンスと守りのガバナンスとは何か。

第1節　コーポレート・ガバナンスの意義と全体の構成等

1　上場会社の活動とコーポレート・ガバナンス

(1)　上場会社と経営トップ

　「上場会社」は，証券取引所で株式を公開している会社であり，大規模な会社が多く，わが国の経済社会の中心的な担い手になる。【設例】のような上場会社（広い意味の企業）が食料品や衣料品等といった様々な製品を製造したり，流通・販売・金融等といった事業目的に応じて各種のビジネスを営んでいる。企業の活動や経営組織の在り方は時々の社会を反映しており，私達市民の生活や国民経済全体に密接な関係を持っている。そこで，企業経営の公正性・健全性の確保とともに，経営効率性や収益性等といった企業価値の向上を目指すことが重要になる。特に大企業には環境問題等の経営リスクも多様化しており，持続可能性（サステナビリティ）への意識も求められている。

　上場会社等の「経営のトップに立つ者」は，社長・CEO（Chief Executive Officer，最高経営責任者）と総称される。両者を併せて，CEO（代表取締役・代表執行役）ということもある。経営陣としては，企業の経営判断を担う社長・CEO に加え，業務執行取締役，執行役，執行役員その他重要な使用人も含まれうる。企業経営の適正を確保するためにそうした経営者等の行為を規律する法的なルールの中心は，会社法である。近時では特に，社外取締役による監督機能が重視されている。

　ただ，固定的な制定法（ハードロー）だけでは限界があるため，コードやガイドライン等といった種々の実務指針が柔軟なソフトローとして策定されるようになっている。イギリス等のヨーロッパ諸国等のルールの影響を受けたものであり，法律・法規（ロー）ではなく「コード」と呼ばれ，ソフトローに分類される。ハードローとソフトローのダブルスタンダードによる法制度の構築になる。企業が現実に取り組むべき多くの重要な課題に対し，広い範囲で迅速な対応を求めることも可能である（柔軟性・迅速性）。

　そうした実務指針の中心が，コーポレートガバナンス・コード（CG コード）

ないし企業統治指針（以下「ガバナンス・コード」ともいう）である。ガバナンス・コードは，金融・資本市場の運用主体である東京証券取引所と，その行政監督を担う金融庁を中心として策定や改訂が行われており，証券取引所の有価証券上場規程等に定められ，上場基準と連動して機能する。上場会社が主な対象になる。そのため，ガバナンス・コードは，資本市場法制（Capital Market Law）の一部ともいえる。なお，証券取引所は金融商品取引法においては金融商品取引所といわれるが（同法2条16項等），本書では基本的に一般的名称である証券取引所としている。

⑵　コーポレートガバナンス・コードとは何か

図表1-1　ガバナンス・コードの5つの基本原則

- ①株主の権利・平等性の確保→実質を重視した適切な対応と環境の整備等
- ②株主以外のステークホルダーとの適切な協働→健全な事業活動倫理の尊重等
  - ↳従業員，顧客，取引先，債権者，地域社会の重視
- ③適切な情報開示と透明性の確保→財務情報やリスク等の非財務情報の開示等
- ④取締役会等の責務→企業戦略等の提示，経営陣幹部の環境整備と監督等
- ⑤株主との対話→経営陣幹部等による建設的な対話の促進と経営方針の説明等

　コーポレートガバナンス・コードとは，「中長期的な企業価値増大に向けた経営者による的確な意思決定を支える実務的な枠組み」を示した規範ないしベストプラクティスである。投資家との建設的な対話における共通基盤ともいえる。その意味で，下記の機関投資家向けのスチュワードシップ・コードと両輪で，実効的なコーポレート・ガバナンスが実現されることが期待されている。

　コーポレートガバナンス・コードの目的・意義は，上場会社の持続的な成長と中長期的な企業価値の向上にある。具体的には2つの点が挙げられている。第1に，攻めのガバナンスの実現として，会社におけるリスクの回避・抑制や不祥事の防止に限らず，健全な起業家精神の発揮を促し，会社の持続的な成長と中長期的な企業価値向上を図ることを志向している。第2に，中長期的保有の株主との建設的な対話により，ガバナンス・コードに基づくコーポレート・ガバナンスの改善に向けた会社の取組みについて，さらなる充実が図られるこ

とを目的とする。上場会社の行動規範（Code of Practice）になる。

(3) コーポレートガバナンス・コード全体の構成

図表1-2 コードの3つの原則（3層構造）

┌①基本原則→ガバナンスの充実により実現すべき普遍的な理念等を示す規範
├②原則　　→基本原則を実現するために一般的に留意・検討されるべき事項
└③補充原則→②を補い，①を実現するための具体的方策を示した規範

コーポレートガバナンス・コードは，3つの種類の原則から構成されている（3層構造）。①基本原則・②原則・③補充原則の3つに分かれる。①基本原則は5つ，②原則は31，③補充原則は47あり，合計で83の原則から構成されている（2021年時点）。

①の基本原則は，1999年にOECD（経済協力開発機構，Organisation for Economic Co-operation and Development）が策定した「OECDコーポレート・ガバナンス原則」を参考に（その後改訂），ガバナンスの充実により実現すべき普遍的な理念・目標を示す規範である。基本原則に合わせて，第1章から第5章に分類され，各章の冒頭には「考え方」も提示されている。

②の原則は，①の基本原則を構成要素ごとに整理し，その理念・目標を実現するための具体的な方策を示した規範である。基本原則を実現するために一般的に留意・検討されるべき事項になる。③の補充原則は，②の原則を補い，①の基本原則の理念・目標を実現するための具体的な方策を示した規範である。上場会社各社において採用が検討されるべきベストプラクティスともいわれる。

各原則には適用上の優劣関係はなく，それぞれが独立して等しくコンプライ・オア・エクスプレインの対象になる。今後も，こうした諸原則は実施状況の検証が行われ，その結果を受けて定期的に見直されることが予定されている（ほぼ3年ごと）。その検証や改訂については，金融庁と東京証券取引所において設置された「スチュワードシップ・コードおよびコーポレートガバナンス・コードのフォローアップ会議」（フォローアップ会議）での議論を踏まえ，パブリックコメントの手続（意見募集等）を経て，確定・公表が行われている。ソフトローとして，制定法とは異なるプロセスで成立している点に留意したい。

2 　機関投資家とスチュワードシップ・コード

図表1−3	スチュワードシップ・コードとガバナンス・コード等の関係

- ①コーポレートガバナンス・コード（CGコード）→上場会社の行動指針
- ②スチュワードシップ・コード（SSコード）→機関投資家の行動指針
  ↳受託者責任として投資先企業との建設的な対話を重視，①と車の両輪
- ③対話ガイドライン→①②の両コード（ダブルコード）の附属文書

　他方，上場会社の持続的な成長や企業価値の向上には，上場会社等の株式を大量に保有する機関投資家（投資信託の運用会社や保険会社，年金基金等）の役割が特に重要になる。機関投資家は大株主であり，会社の経営に大きな影響力を持つ。機関投資家が会社に働きかけなければ，その経営の改善ないし改革は難しい。そのため，機関投資家には，スチュワードシップ・コード（SSコード）の諸原則により，受託者責任ないしスチュワードシップ責任として投資先企業との「建設的な対話（エンゲージメント）」を通じて中長期的な企業価値の向上や，顧客・受益者への投資リターンの拡大を目指すことが求められている。

　上場会社にとって，ガバナンス・コードとスチュワードシップ・コードは車の両輪として重要な役割を持つ。それらのダブルコードの定期的な遵守状況の検証や見直しのためのフォローアップ会議も，一体として行われている。なお，これら2つのコードの附属文書として，金融庁の「投資家と企業の対話ガイドライン（対話ガイドライン）」も策定されており，対話ガイドラインの趣旨を踏まえてコードの内容を理解する必要がある（第12章第4節を参照）。

第2節　コーポレート・ガバナンスとは何か

1 　企業統治と経営の監視・監督

　そもそもコーポレート・ガバナンス（企業統治）とは何であろうか。従来からコーポレート・ガバナンスの意義については，様々な捉え方がある。会社法の伝統的な考え方では，経営の監視・監督（モニタリング）のための仕組みで

あるコーポレート・ガバナンス機構の構築という側面を指すことが多い。企業不祥事の防止等のコンプライアンス（法令等の遵守）の確保のほか，実質的所有者として株主の利益・保護を中心に捉える。

　これに対し，ガバナンス・コードはコーポレート・ガバナンスについて，「会社が，株主をはじめ顧客・従業員・地域社会等の立場を踏まえたうえで，透明・公正かつ迅速・果断な意思決定を行う仕組み」を意味するものとしている。取締役会等による意思決定の仕組みを中心に捉える。

2　攻めのガバナンスと企業の持続的成長・企業価値の向上

　ガバナンス・コードの内容面の特質はどこにあるのか。企業活動の透明性や公正性の確保という側面のみならず，「迅速・果断な意思決定」という攻めのガバナンスにより企業の持続的成長・企業価値の向上を後押ししている点と，株主を利害関係者の要としつつも株主以外のステークホルダーを重視している点に特色が見られる。

　前者は企業の業績向上・繁栄等を意味し，後者は株主資本主義からステークホルダー資本主義への移行を示すものとも見られる。ガバナンス・コードの適切な実践により，それぞれの会社において中長期的な持続的成長（サステナビリティ）と企業価値の向上のための自律的な対応が図られ，会社，投資家，ひいては経済全体の発展や国民の利益にも寄与することを目指している。

＜ポイント：攻めのガバナンスと守りのガバナンス＞

　ガバナンス・コード等においては企業の成長を重視する，①攻めのガバナンス（Growth-oriented Governance）と②守りのガバナンスという言葉がよく使われている（二元論）。守りのガバナンスは企業の不祥事の防止等の仕組みであり（業務監査や会計監査・内部統制等），伝統的な会社法と親和性を持つ。

　これに対し，攻めのガバナンスは広く企業価値や効率性の向上を目指すものである。近時の会社法でも企業買収（M&A）やストック・オプション等の役員のインセンティブ報酬の規制の在り方を考える際に，企業価値の維持・向上が検討されることが増えている。攻めと守りは車の両輪でもあり，攻めるためにはその基盤として守りも重要になる。アクセルとブレーキともいわれる。そこで，ガバナンス・コードでは攻めとともに守りの要素も重視され，守りの要素は特に，

健全かつ公正な会社経営の確保を主眼とする会社法との一体性が強い。

3　コーポレート・ガバナンスの対応部署

　コーポレート・ガバナンスの重要性が増すにつれて，その社内での対応部署の在り方も問題になる。この点，欧米各国では，「カンパニー・セクレタリー（会社秘書役，company secretary）」等といった職務がよく見られる。この職務には，CLO（最高法務責任者）やGC（法務担当役員，ゼネラル・カウンセル）等といった社内の取締役が就くことが多い。

　カンパニー・セレクタリーは，コーポレート・ガバナンスの実務，取締役会・委員会の運営，社外役員・社内役員に対するアドバイザー機能を伴うガバナンス・コミュニケーション等を担うプロフェッショナルになる。エクイティ政策（資本政策や配当政策）の立案にも関わる。

　現在のところわが国の上場会社では一般にコーポレート・ガバナンスの所管は社内のいくつかの部署に置かれているが，総合的な企業戦略を踏まえて，そうした対応を一元的に統括する部署・担当者を配置することも提言されている（「コーポレート・ガバナンス・システムに関する実務指針〔CGSガイドライン〕」等）。なお，ガバナンス委員会等という名称の任意の委員会を設置する会社も見られ，そうした会社はこのような方向性を目指すものともいえる。

> ◇ポイント：ガバナンスの多様性◇
>
> 　ガバナンスという言葉は，あらゆる団体の組織運営上のキーワードになっている。上場会社を主な対象とするガバナンス・コード等でも，様々に使われている。サステナビリティ・ガバナンス（持続可能性を確保・促進する仕組み），デジタルトランスフォーメーション（DX）・ガバナンス（デジタル化対応），知財ガバナンス（知的財産を重視した経営）等である。
>
> 　それらはもとより，法律の条文にある厳密な用語ではない。ただ，重要な事項に関する『積極的な取組みやチェックシステム』等の意味合いが含まれるため，ガバナンスという言葉が社会生活でよく使われるようになっているのである。

第3節　ガバナンス・コード等の性質と拘束力はどうなるか

1　コーポレートガバナンス・コードの位置付け

　ガバナンス・コードは，東京証券取引所が定める有価証券上場規程の一部である。有価証券上場規程には，①ガバナンス・コードの各原則の趣旨・精神の尊重規定，②原則を実施するかまたは実施しない理由の説明の義務付け規定，が置かれている。そこで，上場会社には，ガバナンス・コードの趣旨・精神を尊重してコーポレート・ガバナンスの充実に取り組むことが求められるとともに，同コードに関する事項について，コーポレート・ガバナンスに関する報告書において記載することが必要とされている。

　有価証券上場規程は金融商品取引法117条に基づき，有価証券の上場，上場管理，上場廃止その他上場有価証券に関して必要な事項を定めたものである。金融庁の行政監督の下で定められており，社会的な公益性が高く，法令に準じて扱われうる。上場会社は，上場時に取引所が定める諸規則を遵守する旨を規定した有価証券上場契約を締結しており，有価証券上場規程についても遵守が求められている。金融商品取引所の業務規程等は内閣総理大臣（金融庁）による審査や認可の対象等になる（金融商品取引法82条1項，149条1項等）。

2　コードの性質と拘束力

　ガバナンス・コードとスチュワードシップ・コードは，制定のための手続が厳格で行為規範性の強い制定法（ハードロー）ではないため，その性質や拘束力が問題になる。ここでは主に，①プリンシプルベース・アプローチと②コンプライ・オア・エクスプレインという2つの点が重要である。

　第1に，「プリンシプルベース・アプローチ（原則主義）」とは，ルールベース・アプローチ（細則主義）ではなく，上場会社等が各々の置かれた状況に応じて，その実質において適切に果たすものである。単にプリンシプルベースともいう。自らの活動が形式的な文言・記載ではなく，その趣旨・精神に照らして真に適切か否かを判断することになる。ルールのように「しなければならないこと」

や「してはいけないこと」が詳細に決められているわけではない点に注意を要する。コード規範の特色になる。

　第2に，ガバナンス・コード等は法令とは異なり，法的拘束力を有する規範ではない。そこで，基本的には，「コンプライ・オア・エクスプレイン」という手法が採られ，コード等の原則を実施するか，実施しない（実施していない）場合にはその理由の説明を，各上場会社が選択することになる（後述）。コンプライ（実施・遵守）か，エクスプレイン（説明）が求められる。「遵守か説明か」原則ともいわれる。

　この点，ガバナンス・コードは東京証券取引所の有価証券上場規程に組み込まれており，上場会社にとって拘束力を有している。同規程の第4章上場管理の第4節の企業行動規範のうち，第2款の「望まれる事項」として，上場会社は，同規程の別添「コーポレートガバナンス・コード」の趣旨・精神を尊重してコーポレート・ガバナンスの充実に取り組むよう努めるものとされる（同規程445条の3）。コーポレートガバナンス・コードの尊重という努力義務になる。各会社に応じて実施するか否かの判断は委ねられているため，原則によって実施率の高いものと低いものが見られる。特定の事項の開示を求める「開示原則」といわれるルールも重視される。なお，スチュワードシップ・コードも金融庁が規制対象とする金融機関等にとっては相当の拘束力や影響力を持つ。

③　コーポレート・ガバナンスに関する報告書とは何か

　上場会社は，『コーポレート・ガバナンスに関する報告書』を証券取引所に提出しなければならない（有価証券上場規程204条12項1号等）。単にガバナンス報告書ないしCG報告書ともいわれる。同報告書には，コードの各原則の実施・不実施の別のほか，特に「実施しない理由」を記載する欄が設けられており，ガバナンス・コードにとって重要な意味がある。同報告書の内容に変更が生じた場合には，遅滞なく変更後の報告書を提出する（同規程419条。資本構成・企業属性や軽微な事項は，定時株主総会後の提出も可能）。

　このガバナンス報告書には，その会社の機関の設置状況や独立役員等の重要な情報が記載されている（有価証券上場規程施行規則415条等）。同報告書は証券取引所のホームページで公表されるほか，ガバナンス・コードの実施状況等に

ついては，定期的に刊行される『コーポレート・ガバナンス白書』で紹介と分析がなされている。同白書（ホワイト・ペーパー）にはその時々の動向を踏まえた，ガバナンス状況に関する興味深いコラムも付されており，参考になるため企業関係者の注目度も高い。

◇ **ポイント：コード等による規制手法の広がり** ◇

　コーポレートガバナンス・コードに代表される，コード等による規律付けの手法はかなり広がっている。制定法ではない，柔軟性のあるソフトローによる規律になる。それぞれ趣旨や目的は様々であるが，「監査法人の組織的な運営に関する原則《監査法人のガバナンス・コード》（金融庁等）」のほか，「私立学校版ガバナンス・コード（日本私立大学協会）」や「スポーツ団体ガバナンスコード（スポーツ庁）」等がある。ソフトローの広がりといえる。

　金融規制の分野では，金融機関向けの「顧客本位の業務運営の原則（金融庁）」が重要な規律として定められている。また，日本取引所自主規制法人は，「上場会社における不祥事（不祥事対応・不祥事予防）に関するプリンシプル」も策定している（本書末の資料4）。なお，コーポレートガバナンス・コードでは，コードを補充するための実務指針・ガイドライン（経済産業省等）も重視される。

第4節　コンプライ・オア・エクスプレインとは何か

1　実施（遵守）または説明ルール

　コンプライ・オア・エクスプレイン（comply or explain）とは，「原則を実施（遵守）するか，実施しない場合にはその理由の説明を求める」という手法（原則）である。前述したようにソフトローの特質として，柔軟性を取り入れた規律付けの手法になる。各原則を実施するか否かは会社の判断に委ねられており，各社の個別事情に照らして実施することが適切でないと考える原則があれば，「実施しない（実施していない）理由」を十分に説明（explain）することにより，一部の原則を実施しないことも想定されている。その際には，対話ガイドラインの趣旨を踏まえることが期待されている。概ね時価総額の大きい会社ほど実

施している原則が多い傾向にあるが，各社の状況にもよる。

　ガバナンス・コードの原則に掲げられた施策は原則の趣旨・精神を実現する
ための一般的な手法であることから，各社の個別具体的な事情（①各社の規模，
②事業特性，③機関設計，④会社を取り巻く環境等）により，より優れた代替的
な取組みが存在しうる。その場合，実施しない理由として代替的な取組みの説
明が求められる。そこで，コードは誘導的な機能も持つ。いずれにしても，各
原則の趣旨・精神を踏まえ，実施する場合にはその方法について，実施しない
場合にはその理由の説明内容について真摯に検討することが必要になる。前者
では実施ありきの考え方に基づく表面的な対応は望ましくなく，後者では他社
と足並みを揃えるだけの「ひな型」的な説明ないし表層的な説明は避けるべき
であると考えられている。形だけコンプライするよりも，コンプライしていな
い理由を積極的にエクスプレインする方が評価に値するケースも少なくないと
いわれる。形式的な対応を懸念する趣旨による。

　ガバナンス・コードを実施しない場合の理由の説明（エクスプレイン）は，
ガバナンス報告書で行われる（有価証券上場規程436条の３）。「実施しない理由」
の説明としては，①個別具体的な事情や，実現されるべき目標・理念を達成す
るために採用している代替方法に言及する方法，②一時的に「実施していない」
状況にある場合は，その旨や実施予定時期など，今後の方針に言及する方法等
が想定されている。また，実施しない原則があることだけをもって，実効的な
ガバナンスが実現されていないと機械的に評価するのは適切ではないと考えら
れる。実際に，①今後実施の予定とする説明や，②実施するかどうかを検討中
とする説明，③実施予定なしとする説明等も見られる。

② ガバナンス・コードに違反した場合等への対応

　ガバナンス・コードに違反した場合には，どういった措置の対象となる可能
性があるであろうか。①実施しない理由の説明を拒否する場合や，②理由の説
明が明らかに虚偽である場合等では，証券取引所の企業行動規範違反として実
効性確保措置の対象になりうる。

　実効性確保措置は，違反の性質や程度等に応じて，①公表措置，②特設注意
市場銘柄への指定，③改善報告書の提出，④上場契約違約金（上場時価総額に

応じて算出され，240万円から9120万円の範囲）に段階的に分かれている（有価証券上場規程501条以下）。重大な違反の場合，上場廃止等になる可能性もある。

　この点，スチュワードシップ・コードの場合は，違反した金融機関が金融庁による行政処分の対象とされた事例も見られる。コード等の実務指針であるソフトローも法令に準じて扱われうるため，今後裁判においてコード等に対する不適切な違反行為が会社や経営者等の義務違反ないし任務懈怠等に基づく責任の発生事由になるケースのほか，逆に責任が追及された場合にコード等を遵守していることが免責事由等として重視されるようなことも十分予想される。

　他方，コードの各原則を実施する場合であっても，自らの具体的な取組みを開示することは有益であると考えられている。なお，特定の事項を『開示すべき』とする原則もあり，それらの原則を実施するにはその内容を開示することが必要になる。

金融商品取引法の関連テーマ：ガバナンス状況の虚偽記載と課徴金

　近時，上場会社等の有価証券報告書におけるコーポレート・ガバナンスの状況（非財務情報）の虚偽記載について，課徴金が課されるようになっている。課徴金は金融商品取引法上の違法行為を抑止し，規制の実効性を確保するという行政目的を達成するため，違反者に対して金銭的負担を課すための行政上の措置である（同法172条以下等）。証券取引等監視委員会の調査・勧告に基づいて，金融庁が違反者に対し課徴金の納付命令を出す。

　そうした事例でガバナンス状況の虚偽記載と認定された内容は，以下のようなものであった。第1に，企業統治の体制として取締役会の開催（記載では1か月に1回が，実際は年3回のみ）や監査役の監査の不十分さ，第2に，内部統制システムの不備（コンプライアンス担当取締役や監査室の不備），第3に，リスク管理体制としてコンプライアンス委員会の不備，第4に，内部監査・監査役監査・会計監査の相互連携の不実施である（令和元年12月6日勧告。証券取引等監視委員会「令和2年開示検査事例集」41頁以下。課徴金額は2400万円）。

　また，役員の報酬等については，有価証券報告書に連結報酬等の総額が1億円以上の役員ごとの報酬を記載しなければならないが，繰延報酬や株価連動型インセンティブ受領金の金銭報酬といった方法を不正に用いて，記載する額を半分程度に抑えるなどの虚偽記載により24億円余りの課徴金が課された事例もある（同45頁以下。令和元年12月10日勧告の日産自動車事件）。こうした不正の認定内容は，

この後に検討するガバナンス・コードの各原則の意義を考える際にきわめて参考になる。

③　東京証券取引所の市場の区分とガバナンス・コードの適用範囲

(1)　市場の区分

　令和4年に東京証券取引所（東証）は，市場区分を従来の1部，2部，マザーズ・ジャスダック等から，①プライム市場，②スタンダード市場，③グロース市場の3つに再編する。市場の魅力を高め，国際競争力の向上を目指す趣旨である。各市場は独立しており，移行には審査が必要になる。

　①のプライム市場は内外の投資家との建設的な対話を中心に据えた，わが国を代表するグローバルな企業向けの最上位の市場と位置付けられる。また，②のスタンダード市場は公開された市場における投資対象として十分な流動性とガバナンス水準を備えた企業向けの市場であり，③のグロース市場は高い成長可能性を有する企業（新興企業等）向けの市場になる。

　主な上場基準の違いとして，流通株式時価総額は①は100億円以上，②は10億円以上，③は5億円以上であり，流通株式比率は①は35％以上（安定株主が会社法上の株主総会の特別決議に必要な3分の2の水準を占めることのない公開性を求める趣旨），②と③は25％以上とされる。そして，株主数は①は800人以上，②は400人以上，③は150人以上等になっている。

　ガバナンス・コードの適用範囲も市場によって異なり，ガバナンスの水準に差異が生じる。①のプライム市場と②のスタンダード市場にはすべての原則が適用されることに加え，以下のような最上位のプライム市場上場会社向けの特則がコードの各所に設けられており，機関投資家からの期待も一段と大きいことを踏まえ，より高いガバナンス水準が求められている。それに対し，③のグロース市場の上場会社は，高い成長性が期待される一方で，ガバナンス体制については構築途上にある場合も多いと考えられるためコードの基本原則のみを適用の対象とし，他の市場よりもガバナンスの水準が緩和されている。

(2)　プライム市場上場会社向けの特則とは何か

　東京証券取引所の最上位の市場として，わが国を代表するプライム市場に上

14

場する会社については，ガバナンス・コードにおいて特則が設けられている。
プライム市場上場会社向けの特則といわれる。主に6つのものがあり，プライム市場のグローバル性等といった特質を表すものとして重要性が大きい。詳細は各所で説明しているが，ここではその概要をまとめておくことにする。

　第1に，機関投資家向けの議決権電子行使プラットフォーム（PF）を利用可能とすることである（補充原則1-2④）。機関投資家の実質的な権利行使を確保する趣旨による。

　第2に，開示書類のうち必要な情報について，英語での開示・提供を行うことである（補充原則3-1②）。英文開示になる。

　第3に，気候変動に係るリスクおよび収益機会の開示の質と量の充実の促進である（補充原則3-1③）。サステナビリティに関するものになる。第1から第3は議決権の電子行使・英文開示・気候変動開示であり，グローバルな企業向けの特則を意味する。

　それに対し，第4以下では，独立社外取締役がより重視される。すなわち，第4に，取締役会における独立社外取締役を少なくとも3分の1以上選任することである（原則4-8）。ただ，業種・規模等から過半数の独立社外取締役の選任が必要と考える場合は，十分な人数の選任を要する（同原則）。

　第5に，支配株主を有する場合は，取締役会において支配株主からの独立性を有する独立社外取締役を過半数選任するか，支配株主と少数株主との利益が相反する重要な取引・行為について審議検討を行う，独立社外取締役を含む独立性を有する者で構成された特別委員会の設置である（補充原則4-8③）。

　第6に，指名委員会や報酬委員会の構成員の過半数を独立社外取締役とすることを基本とし，その委員会構成の独立性に関する考え方・権限・役割等を開示することである。このように第4以下では，独立社外取締役の存在による透明性・公正性の担保が重要視されていることがわかる。

4 コードを補完する実務指針等

　他方，ガバナンス・コードを実践ないし補完するための実務指針が経済産業省のコーポレート・ガバナンス・システム（CGS）研究会等により策定されており，同コードと一体的に理解する必要がある。そうした実務指針（ガイドラ

イン）は主に，①コーポレート・ガバナンス・システム（CGS）に関するもの，②グループ・ガバナンス・システムに関するもの，③事業再編に関するもの，④社外取締役の在り方に関するもの，の４つに加え，公正なM&A（企業買収）の在り方に関するものなどがある（本書末の資料３も参照）。

　これらの実務指針は，上場会社のコーポレート・ガバナンス改革を形式から実質へと深化させるためのベストプラクティスを提示するものであり，実務上参照すべきことを推奨しており，一定の影響力を有する。そうしたガイドラインはあくまでも実務上の指針にすぎないため，違反した場合でも直ちに取締役等の善管注意義務（会社法330条, 民法644条。善良な管理者としての注意義務をいう）への違反となるものではない。ただ，ガイドラインに沿った対応を行った場合には，他に特段の事情がない限り，通常は善管注意義務を十分に果たしていると評価されるものと考えられており，法的な意義も持ちうる点が重要である（②のグループガイドライン11頁等を参照）。

◇ポイント：諸外国のガバナンス・コード等の策定状況

　ガバナンス・コード等のソフトローによる企業法制の整備ないし制定法の補完は，諸外国で近年広まってきたものであることに注意を要する。まずコーポレートガバナンス・コードは，イギリスで企業不祥事の発生等を受けて，1998年に財務報告評議会（FRC）により策定され，概ね2，3年ごとに改訂されている。その後，ドイツでは2002年に，フランスでも2003年にガバナンス・コードが策定されている。そのほか，韓国は1999年に，オーストラリアも2003年に策定を行い，ＥＵでも同様の動きが進められている。

　次に，スチュワードシップ・コードについては，2010年にイギリスの財務報告評議会が策定している。同年にカナダも策定し，2014年にイタリアや韓国が続き，その他の国でも導入の動きが続いている（その後，適宜改訂）。アメリカでは2017年に自主規制団体が同様のコードを策定している。

　こうした諸外国のコードの内容は類似する点が多いが，細部については様々なバリエーションが見られる。コンプライ・オア・エクスプレインという手法や，制定法とは別にコードで規律する方式は，主にヨーロッパ諸国に始まり，普及した柔軟なソフトローのスタイルといえる。なお，コーポレート・ガバナンスに関する各国のルール作りの在り方には，従来から多様性もある。

◆ 検討課題

⑴ ガバナンス・コードの意義と役割について，基本原則等の内容を踏まえて
説明しなさい。その全体像はどうなっているか。スチュワードシップ・コー
ド等との関係はどうか。ソフトローの意義と特色はどのように考えられるで
あろうか。

⑵ コーポレート・ガバナンスの意義を論じなさい。攻めのガバナンスとは何
か。ガバナンスの社内における対応部署やガバナンスの多様性は，どのよう
に考えられているか。

⑶ ガバナンス・コードの性質と拘束力について，コードの位置付けを踏まえ
つつ説明しなさい。プリンシプルベース・アプローチとは何か。コーポレー
ト・ガバナンス報告書とはどのようなものか。

⑷ コンプライ・オア・エクスプレインの手法について，具体的に検討しなさ
い。エクスプレイン（説明）の在り方はどうなるか。また，ガバナンス・コー
ドに違反した場合，どのように取り扱われるか。他方，市場の区分とコード
の適用範囲はどうなるか。プライム市場上場会社向けの特則とは何か。

第2章

株主の権利・平等性と株主総会

　この章では，株主の権利・平等性の実質的な確保に関するルールについて学習する。ガバナンス・コードにおいて，株主はどのように位置付けられているのであろうか。上場会社のガバナンス上，株主・投資者が重視されるべきことは，グローバルな資本市場ルールの基本的な要請である。株主と投資者の違いはどこにあるかも重要になる。

　また，株主総会における株主の権利確保のための環境整備や株主への情報提供等については，どのような問題があるかを考えていく。株主総会の招集通知や日時の設定等はどうあるべきであろうか。また，有価証券報告書との関係等のほか，株主総会の反対票の取扱いについても注意を要する。

【設　例】

　株式公開企業である上場会社Aには，多くの株主がいる。同社の株主総会については，いくつかの重要な課題が指摘されている。株主総会の開催に当たって，株主の権利は，どのように確保されるべきであろうか。

　A会社の経営ないし企業活動において，株主の平等性はどのように扱われるか。会社法上の株主平等原則との関係はどう考えられるか。また，株主への情報提供の充実や円滑な議決権の行使には，どういった工夫が必要になるか。バーチャル株主総会の意義と課題は何か。

第1節　株主の権利・平等性の確保

図表2−1	株主の権利・平等性の確保（基本原則1）

```
株主──┬①株主の権利の実質的な確保→適切な対応と環境整備
      ├②株主の実質的な平等性の確保
  ↓   └③少数株主や外国人株主への十分な配慮
資本提供者←重要な要であり，ガバナンス規律の起点
```

　株主は，ガバナンス・コードにおいてどのように位置付けられているのであろうか。ガバナンス・コードの【基本原則1】はまず株主の権利・平等性の確保を掲げ，株主が重要な利害関係者として重視されるべきことを確認している。ガバナンス・コードは，会社に対する資本提供者である株主を利害関係者の要と位置付けている。

　【基本原則1】は，3つの段落からなる。第1段落は，上場会社は，株主の権利が実質的に確保されるよう適切な対応を行うとともに，株主がその権利を適切に行使することができる環境の整備を行うべきであるとしている。第2段落は，また，上場会社は，株主の実質的な平等性を確保すべきであるとしている。そして第3段落は，少数株主や外国人株主については，株主の権利の実質的な確保，権利行使に係る環境や実質的な平等性の確保に課題や懸念が生じやすい面があることから，十分に配慮を行うべきであるとする。

　【基本原則1】の「考え方」は以下のようになる。上場会社には，株主を含む多様なステークホルダーが存在しており，こうしたステークホルダーとの適切な協働を欠いては，その持続的な成長を実現することは困難である。その際，資本提供者は重要な要であり，株主はコーポレート・ガバナンスの規律における主要な起点になる。上場会社には，株主が有する様々な権利が実質的に確保されるよう，その円滑な行使に配慮することにより，株主との適切な協働を確保し，持続的な成長に向けた取組みに邁進することが求められている。

　また，上場会社は，自らの株主を，その有する株式の内容および数に応じて

平等に取り扱う会社法上の義務を負っているところ（同法109条1項），この点を実質的にも確保していることについて広く株主から信認を得ることは，資本提供者からの支持の基盤を強化することにも資するものになるとしている。

　【基本原則1】は，株主が上場会社における多様なステークホルダーの要であり，コーポレート・ガバナンスの主要な起点であるとの認識に基づいて，上場会社に対し，株主の権利と平等性の実質的な確保を要請するものである。【基本原則1】には，以下のような7つの原則と11の補充原則が定められている。

◁ポイント：株主と投資者等の区分▷

　株主と投資者の区分は，会社法と金融商品取引法（金商法）の領域の違いにも関わる。上場会社では，株主の保護と投資者の保護の在り方は重なり合うところもあるが，会社法と金商法では規制の趣旨や内容が異なることも多い。

　例えば，会社法では株主の参加は株主総会が中心になるが，金商法においては資本市場に向けた企業情報の開示制度（ディスクロージャー）が中心になる。会社内の組織運営ルールと市場に向けた公開性のルールの違いは大きい。金商法上は，一般投資家（アマ）と機関投資家・特定投資家（プロ）の区分もあり，プロ向け市場やプロ向け金融商品の勧誘ルールの特則，英文開示も重要になる。

　会社法の株主の権利や平等性に関する規定においては，単に株主と抽象的かつ包括的に規定されるが，ここでは少数株主や外国人株主といった「株主の属性」に応じた取扱いが要請されている点に特色があり，市場に存在する多数の一般株主の利益も考慮されうる。その一方で，支配株主や機関投資家（金融機関等の大口投資家）の役割・責務等も重視されている。伝統的に会社法の保護の対象は株主であり，金商法の保護の対象は投資者とされてきたが，上場会社を対象とするガバナンス・コードでは，株主・投資者の属性と多様性も重視される。

第2節　株主の権利の確保

　こうした基本原則を踏まえて，ガバナンス・コードの【原則1-1．株主の権利の確保】は，上場会社は，株主総会における議決権をはじめとする株主の権利が実質的に確保されるよう，適切な対応を行うべきであるとしている。【原

則1－1】に関しては，3つの補充原則が挙げられている。

1 反対票の取扱い

第1に，株主総会における反対票の取扱いである。【補充原則1－1①】においては，取締役会は，株主総会において可決には至ったものの，相当数の反対票が投じられた会社提案議案があったと認めるときは，反対の理由や反対票が多くなった原因の分析を行い，株主との対話その他の対応の要否について検討を行うべきであるとしている。

この補充原則はイギリスのガバナンス・コードを参考に設けられたものであり，「相当数の反対票」の具体的な解釈は各取締役会の合理的な判断に委ねられている。相当数の反対票があった場合，その理由や原因の分析は必要であるものの，その後の対応については株主との対話等の要否を検討することになる。そうした検討の結果として，対応を要しないと取締役会が合理的に考える場合にまで，対応は求められていない。また，対応する場合の方法については一定の幅があり，必ずしも「株主との対話」だけに限定されるものではない。

この補充原則を踏まえ，対話ガイドラインでは，株主総会において可決には至ったものの相当数の反対票が投じられた会社提案議案に関し，株主と対話をする際には，反対の理由や反対票が多くなった原因の分析結果，対応の検討結果が可能な範囲でわかりやすく説明されているかが個別課題として挙げられている（対話ガイドライン4－1－1）。近時は，反対票の行方が注目されるケースも増えており，相当数の意義や検討内容，わかりやすい説明が重要になる。

┌─ **金融商品取引法の関連テーマ：株主総会の決議結果の情報開示** ─┐

株主総会では賛成・反対の決議結果だけが知られ，投票数等の詳細はわからないことが多い。これに関し，上場会社等では総会後に提出される金商法上の「臨時報告書」に，総会の決議事項の内容・賛成や反対等の議決権の数・決議の結果等が記載され，情報開示の対象になっており（24条の5第4項，開示府令19条2項9号の2），金融庁のEDINETで公表される。

株主・投資者のニーズに応えるものであり，上場会社の総会決議の結果の行方は注目度が高い。この点，ガバナンス・コードでは，相当数の反対票の分析・検

討や，対応の要否の検討も求められる。なお，スチュワードシップ・コードでも，機関投資家の議決権行使結果の公表が重視されている（第12章第4節参照）。

② 株主総会の決議事項の取締役会への委任

　第2に，【補充原則1－1②】は，株主総会の決議事項の取締役会への委任についてである。上場会社は，総会決議事項の一部を取締役会に委任するよう株主総会に提案するに当たっては，自らの取締役会においてコーポレート・ガバナンスに関する役割・責務を十分に果たし得るような体制が整っているか否かを考慮すべきであるとしている（同補充原則第1文）。他方で，上場会社において，そうした体制がしっかりと整っていると判断する場合には，上記の提案を行うことが，経営判断の機動性・専門性の確保の観点から望ましい場合があることを考慮に入れるべきであるとされている（同補充原則第2文）。

　アメリカやヨーロッパ諸国等と比べて，わが国の株主総会は幅広い事項を扱い過ぎているのではないかとの指摘を受けて，株主総会で株主の意思を問うのが望ましい事項を再考すべきとの考え方もある。そこで，【補充原則1－1②】は，取締役会においてコーポレート・ガバナンスに関する役割・責務を十分に果たしうる体制が整っているのであれば，会社法上許容される範囲で，一部の株主総会の決議事項を取締役会に委任するよう提案することも一案であるとの考え方を示している。ただ，あくまで「考慮に入れるべき」とされるにとどまり，そのような委任を一律に求めるものでも禁止するものでもない。

　委任の具体的な適用場面としては，会社法との関係から，①役員報酬の具体的配分や②剰余金の配当に係る決定等を取締役会に委任する場面が想起されうる。とはいえ，同補充原則は必ずしもそうした特定の事項に焦点を当てる趣旨ではなく，一般論として取締役会への委任に関する考え方を示すものと考えられている。

③ 株主権の行使への十分な配慮

　第3に，【補充原則1－1③】は，株主権の行使への十分な配慮に関するものである。上場会社は，株主の権利の重要性を踏まえ，その権利行使を事実上妨げることのないよう配慮すべきであるとされる（同補充原則第1文）。とりわ

け，少数株主にも認められている上場会社およびその役員に対する特別な権利（違法行為の差止めや代表訴訟提起に係る権利等）については，その権利行使の確保に課題や懸念が生じやすい面があることから，十分に配慮を行うべきであるとしている（同補充原則第2文）。

本補充原則の第2文は，OECD原則を踏まえたものである。具体的な適用場面としては，例えば，議決権の委任状勧誘等の場面において，株主が上場会社に株主名簿の閲覧等を求めた際に，会社が不当に対応を遅延し，結果的に株主総会の開催日が到来してしまったケース（名簿閲覧の対応遅延）などが考えられている。

ただ，本補充原則の主眼は，一般に少数株主の権利行使が事実上妨げられるようなケースが生じやすいことへの注意を喚起し，そのための配慮を求める点にある。そのため，必ずしも特定の場面だけを規律する意図で設けられたものではない。なお，スチュワードシップ・コードにおける議決権行使助言会社等の機関投資家向けのサービス提供者に関する原則の内容については，第12章第4節を参照。

会社法の関連テーマ：株主の権利の分類

会社法は株主の権利を定める基本法であり，ガバナンス・コードも同法を踏まえて策定されている。配当を受ける権利・残余財産を受ける権利・株主総会における議決権の3つが中心であるが（同法105条），そのほか多くの権利が各所で規定されている。株主の権利は，主に自益権（剰余金の配当請求権，残余財産の分配請求権，反対株主の買取請求権等の経済的利益を受ける権利）と共益権（株主総会の議決権，質問権，経営監督権等の経営に参与する権利）に分類される。

経営監督権には，株主代表訴訟の提起権や会計帳簿・株主総会の議事録の閲覧請求権等が含まれる（会社法847条等）。1株の保有で行使できる単独株主権と，株主権の濫用防止のため一定の割合（数）の株式を持つことが必要な少数株主権という分類も重要である。公開会社の少数株主権には，6か月の保有要件が課される場合も多い。

第3節　株主総会の環境整備

1　株主総会の環境整備の重要性

　株主総会は，会社法上一般に最高意思決定機関と位置付けられており（学説上は異論もある），重要な株主の権利行使の場である。株主総会は原則として1年に1回決算の承認等に併せて開催され，役員の選任や剰余金の配当の決定等といった会社にとって重要な意思決定が行われる（会社法295条以下等）。

　ガバナンス・コードの【原則1－2．株主総会における権利行使】は，上場会社は，株主総会が株主との建設的な対話の場であることを認識し，株主の視点に立って，株主総会における権利行使に係る適切な環境整備を行うべきであるとしている。ここで，「株主総会が株主との建設的な対話の場である」とされているのは，上場会社の株主にとって，株主総会は議決権行使等を通じて，上場会社に対して直接意見を発信することのできる数少ない機会であることを踏まえたものである。そこで，【基本原則1】における株主の権利の適切な行使に関する環境の整備という側面では，株主総会の権利行使に係る適切な環境整備がきわめて重視されることになる。

<　ポイント：株主総会の意義と課題は何か　>

　株主総会については，令和2年に経済産業省から公表された『新時代の株主総会プロセスの在り方研究会』の報告書が，その在り方と実施されることが望ましいポイントを検討している。同研究会によれば，株主総会には，①意思決定機関としての株主総会（取締役の選解任等），②会議体としての株主総会（総会当日の審議と決議）という2つの側面があることが重視される。

　まず，意思決定機関としての株主総会の実質化に向けては，①目的に応じた効果的な対話・情報開示，②対話環境の整備としての議決権電子行使の促進，③実質株主の判明，が重要な点として挙げられる。次に，会議体としての株主総会については，①決議に向けた審議の場，②信認の場・確認の場，③対話の場・情報提供の場，の3つに分けてその意義が検討されている。会社法上，株主総会については，その権限・招集手続・運営・決議方法・瑕疵の取扱い等が定められてい

る（同法295条以下）。こうした研究会の提言等は，それらの実質的な問題点を検討するものとして注目される。

2　株主への適切な情報提供と招集通知

(1)　株主への情報提供

【原則１－２】については，５つの補充原則が策定されている。まず株主の議決権の行使のためには，株主総会に関する情報提供が重要になる。そうしたことから，第１に，【補充原則１－２①】は，上場会社は，株主総会において株主が適切な判断を行うことに資すると考えられる情報については，必要に応じ適確に提供すべきであるとする。

ここで「必要に応じ適確に」とされているのは，上場会社の合理的な判断により，株主総会における株主の適切な判断に資すると考える情報があれば，必要に応じて公表その他何らかの方法で提供することを求める趣旨である。株主への情報提供の充実が求められる。IR については，第12章第２節を参照。

> #### 会社法の関連テーマ：株主総会と株主への情報提供
>
> 株主総会に関し，会社法では種々の情報提供が規定されている。公開会社の株主総会の招集通知（日時・場所・議題等を記載）は原則として総会日の２週間前までに株主に発しなければならない（会社法299条１項。法定の期限）。株主数の多い上場会社の場合には原則として，株主総会参考書類（議案や提案理由等）と議決権行使書面の交付も必要である（同法301条以下，会社法施行規則73条以下等）。株主総会参考書類の電子提供措置では，３週間前等の提供になる（同法325条の３等）。ガバナンス・コードでは招集通知について，より早期の発送や早期の開示を求めている。
>
> 定時株主総会の招集の通知に際しては，計算書類と事業報告（監査報告・会計監査報告も含む）も株主に提供しなければならない（437条等）。計算書類は決算書（貸借対照表や損益計算書等）であり，特に事業報告には重要な情報の記載事項（役員報酬等の内容，社外役員等の情報等）が増えており，注目度が高くなっている（会社法施行規則119条以下等）。

⑵　招集通知の早期発送と早期開示

　そして，第2の【補充原則1-2②】は，上場会社は，株主が総会議案の十分な検討期間を確保することができるよう，招集通知に記載する情報の正確性を担保しつつその早期発送に努めるべきであり，また，招集通知に記載する情報は，株主総会の招集に係る取締役会決議から招集通知を発送するまでの間に，TDnet や自社のウェブサイトにより電子的に公表すべきであるとしている。

　株主総会の招集通知の①早期発送・②早期開示を求めるものである。この補充原則の趣旨は，どこにあるのであろうか。特に機関投資家（投資信託会社等）は複数の上場会社に投資をしていることが一般的であり，特に海外の機関投資家にとっては株主総会の開催時期が集中していることから，議案の検討を行う期間がきわめて限られているとの現状に対応すべく設けられたものになる。

　【補充原則1-2②】の前段は，いわゆる招集通知の早期発送に関するものである。株主の株主総会の議案に係る検討期間を十分に確保する観点から，招集通知を可能な限り早期に提供することを求めるとともに，「情報の正確性を担保しつつ」として，外部会計監査人による適切な監査時間の確保等への配慮を求めている（外部会計監査人については，第6章第3節も参照）。

　次に，本補充原則の後段はいわゆる招集通知の発送前の WEB 公表に関するものであり，早期開示といわれる。WEB での公表は，招集通知の内容が固まった時点での迅速な公表が可能となり，機関投資家等の議案の検討時間の確保に資するところが大きい。WEB 公表によれば，招集通知が基準日株主に郵送で届く前に，インターネットを通じて一般に公開されることになる。会社法上の WEB 開示制度の利用も進んでいる（会社法施行規則94条・133条3項以下，会社計算規則133条4項以下等）。ガバナンス報告書では，招集通知を法定期日よりも3営業日以上前に発送した場合を早期発送と呼び，ガバナンス・コードを受けて，3週間前等に TDnet で招集通知を公表する会社も増えている。

┌─ 金融商品取引法の関連テーマ：TDnet と EDINET ─

　上場会社がインターネット上で重要な企業情報を公表する方法としては，TDnet と EDINET が重要になる。TDnet とは，東京証券取引所の適時開示情報伝達システムである。上場会社の重要な企業情報についてインターネット上で

日々公表しており，その重要性はきわめて大きい。取引所の自主ルールに基づく情報開示になる。

　それに対し，金融商品取引法上の情報開示については，EDINET が重要である（同法27条の30の２以下等）。同法に基づく金融庁の電子開示システムである。法定の開示書類である有価証券報告書等が一定の期間，公衆縦覧に付されている。

3　株主総会の日時の設定と議決権の行使

(1)　適切な日程の設定

　株主総会の日時の設定は株主にとって重要である。そこで，第３の【補充原則１－２③】は，上場会社は，株主との建設的な対話の充実や，そのための正確な情報提供等の観点を考慮し，株主総会開催日をはじめとする株主総会関連の日程の適切な設定を行うべきであるとする。

　株主総会は従来一定の日時・期間に集中して開催されることが多く，株主の出席の便宜のためには問題視されることが多かった。そのため，この補充原則はそうした集中開催等の問題への適切な対応を求めている。

　総会の日程については，会社法上の基準日が３か月以内とされていること（同法124条２項かっこ書）や決算の確定・監査日程・配当金の確定に加え，金融商品取引法上の有価証券報告書の提出期限が事業年度経過後３か月以内とされていること（同法24条１項）等から柔軟な設定が難しい面もある。現在，３月決算の多くの会社は，６月末の時期に株主総会を集中的に開催しており（総会の後に有価証券報告書を金融庁等に提出・開示），株主・投資者の参加の促進という観点から７月以降に開催時期をずらすことが重要な検討課題になっている。

会社法の関連テーマ：議決権の位置付けと法的性質

　会社の運営や経営支配を巡っては，株主の持つ議決権がきわめて重視される。議決権の意義をどのように考えるべきかは，企業社会全体を理解するための奥の深い重要な問題である。株主総会においては，1株1議決権の原則（資本多数決主義）が採用されており，種々の例外も重要になる（会社法308条等）。

　株主総会の決議は決議事項の重要度に応じて，主に普通決議・特別決議・特殊

決議に分類される（会社法309条以下）。議決権は会社の経営に参与する共益権の中心であるが，種類株式としてその制限やいわゆる黄金株等も認められている（同法108条1項3号・8号・9号）。無議決権株もある。円滑な経営の確保や大株主・支配株主による株主権の濫用・買収防衛の防止等の側面からは，その制限や複数議決権の在り方が企業法制の本質に関わる重要な課題となっている。

　近時では敵対的な企業買収の件数が増える状況を踏まえ，長期保有株主の優遇策のほか（諸外国では2年以上の株式保有者は議決権が2倍になるという制度もある），大株主の取引履歴等の属性の開示・議決権行使の制限・濫用防止策の必要性等を巡る議論がソフトローのみならず，制定法のレベルでも活発に見られる。特に大規模な公開会社の議決権の法的な性質を巡っては，特に支配株主等の社会的責任ないし国民経済の公益的観点から，議決権の公共的・倫理的性質や人格権的意義を重視する見解も有力に主張されている。株主総会の意義も問われる。

(2)　機関投資家等の円滑な議決権の行使

　【原則1－2．株主総会における権利行使】における4番目の補充原則は前段と後段からなる。主に機関投資家（投資信託・投資顧問等）や海外投資家による円滑な議決権行使を念頭に置いた対応を求めるものである。

　まず，【補充原則1－2④前段】は，上場会社は，自社の株主における機関投資家や海外投資家の比率等も踏まえ，議決権の電子行使を可能とするための環境作り（議決権電子行使プラットフォームの利用等）や招集通知の英訳を進めるべきであるとしている。議決権電子行使プラットフォーム（PF）とは，東京証券取引所の関連会社であるICJ（インベスターズ・コミュニケーションズ・ジャパン）や信託銀行等が運営するものを指している。議決権の電子行使を可能とするための環境作りが重視されており，議決権電子行使プラットフォームの利用以外の対応としては，例えば，会社法上の電子投票制度（同法298条1項4号，312条等）の採用等もなされうる。

　また，株主総会の招集通知の英訳については，機関投資家や海外投資家の比率のほか，各上場会社において英訳に割ける合理的なリソース等や実情を踏まえた合理的な対応が期待されている。そこで，招集通知の一部のみを英訳するといった対応が直ちに本補充原則を実施していないことになるものではないが，近時では招集通知の英訳の重要性は強くなっている（第6章第2節参照）。

　次に，【補充原則１－２④後段】は，特に，プライム市場上場会社は，少なくとも機関投資家向けに議決権電子行使プラットフォームを利用可能とすべきであるとしている。「少なくとも」というのは，機関投資家向けだけではなく，個人投資家向けのプラットフォームを排除する趣旨ではないことを明確にする観点による。ガバナンス・コードを受けて，上場会社では，機関投資家向けのプラットフォームとともに，個人投資家向けの電子投票制度の採用も進んでおり，スマートフォンでの議決権行使（スマート行使）が可能な会社も多い。

◇ポイント：議決権電子行使プラットフォーム◇

　議決権電子行使プラットフォームとは，主に東京証券取引所の関係会社であるICJが運営する市場インフラである。株主総会に関わる国内外のすべての実務関係者（上場会社・株主名簿管理人〔名簿上の名義株主〕等）をシステム・ネットワークで結んでいる。コストの削減や人的ミスの防止等になる。

　名義株主の背後にいる実質株主である国内外の機関投資家の議決権の行使を中心に，プラットフォーム上で直接，①株主総会の議案情報の伝達，②議決権の行使，③行使結果の集計，が行われる。議決権行使プロセスが電子的に行われることによりその行使が円滑になるため，投資家・企業双方にメリットがある。実際に，従来の書面による方式からそうした電子行使に徐々に移行しつつある。

---

(3)　実質株主の権利行使

　【原則１－２】の５つ目の補充原則は，いわゆる実質株主である機関投資家等による株主総会への出席や議決権行使に関わるものである。ここで，実質株主とは，株主名簿上の名義人ではない実質的な株式保有者をいう。【補充原則１－２⑤】は，信託銀行等の名義で株式を保有する機関投資家等が，株主総会において，信託銀行等に代わって自ら議決権の行使等を行うことをあらかじめ希望する場合に対応するため，上場会社は，信託銀行等と協議しつつ検討を行うべきであるとする。

　【補充原則１－２⑤】は，実質株主である機関投資家等が信託銀行等の名義株主に代わって議決権行使等を希望する場合に備えて，上場会社に対しその対応を検討することを求めている。「あらかじめ希望する場合」とは，上場会社

において合理的な対応が可能となる程度の余裕をみて，希望を伝えることが想定される。議決権行使等を認めることを求めるものではなく，対応の検討を求める趣旨である。この補充原則を受けた実質株主の株主総会への出席を認める実務上の対応方針としては，会社の裁量により総会の傍聴を認めるにとどめるものが多い。

④　株主総会と対話ガイドラインの要請

(1)　招集通知の公表

　株主総会に関しては，対話ガイドラインの個別課題としてもいくつかの点が指摘されており，ガバナンス・コードとともに考慮する必要がある。第1に，株主総会の招集通知に関する問題である。【対話ガイドライン4－1－2】は，株主総会の招集通知に記載する情報について，内容の確定後の速やかなTDnet等での公表等で情報開示に努めているかなどを挙げている。前述した早期開示である。

　会社法上，株主総会の招集通知は，株主に通知される重要な情報書類になる（同法299条）。令和元年の会社法改正では，上場会社の株主総会参考書類等についてインターネット上での電子提供措置が採用され（同法325条の2等。3週間前等の提供），株主への情報提供の迅速化と充実化が図られている。

(2)　有価証券報告書の意義とその提出時期

　金融商品取引法における中心的な情報開示書類である「有価証券報告書」に関する問題もある。【対話ガイドライン4－1－3】は，株主総会が株主との建設的な対話の場であることを意識し，例えば，有価証券報告書を株主総会開催日の前に提出するなど，株主との建設的な対話の充実に向けた取組みの検討を行っているかを挙げている。

　上場会社とその投資者にとって，有価証券報告書は重要な開示書類となる。上場有価証券の発行会社（上場会社）等は，事業年度ごとに「重要な事業内容等」を記載した有価証券報告書を事業年度経過後3か月以内に，内閣総理大臣に提出しなければならない（金融商品取引法24条1項）。この「有報」は，こうした継続開示会社に対し，原則として毎年継続的に提出が求められる1年一度の法

定の報告書である。金融庁のホームページの EDINET 等で見られるが，かなり詳細なものである。

　有価証券報告書の中心となる企業の決算情報は，投資判断のメインとなる重要情報である。金融商品取引法では財務諸表，会社法では計算書類という。そのなかでも，特に①貸借対照表，②損益計算書，③キャッシュ・フロー計算書の３つが重要になる。上場会社には，投資家の投資判断形成のため，タイムリーな決算や重要な企業情報について，「証券市場に向けた」定期的・臨時的な情報開示（ディスクロージャー）が義務付けられている（強制開示制度）。

　法律上は，１年一度の有価証券報告書（有報）が代表例であるが，３か月ごとの四半期報告書や，重要情報が発生した場合の臨時報告書もある（金融商品取引法24条以下等）。法律上の情報開示においては，虚偽開示等の違反行為に対しては罰則等が設けられており，信頼性が最も高くなる（同法197条以下等）。他方，法律上のものではないが，最も早い情報は，証券取引所が自主ルールにおいて要請している適時開示（タイムリー・ディスクロージャー）であり，実務上はもとより理論上もきわめて重視されている。決算短信も重要になる。

　　◁ポイント：株主総会の招集通知の記載内容の充実▷
　ガバナンス・コードを受けて，上場会社の株主総会の招集通知の記載内容が充実してきている。株主の議決権行使の判断材料が豊富になる。有価証券報告書の提出は総会後になることが多いが，招集通知で一部を開示する動きも見られる。
　招集通知の具体的な記載内容で増えてきている情報としては，役員の報酬の図式（ビジュアル化）や個々のスキル（経験・知識・能力等）・男女構成等がある。また，取締役会評価に言及する会社のほか，気候関連リスクへの対応情報，政策保有株式，女性等の管理職への登用等の情報もある。

(3)　バーチャル株主総会

　バーチャル株主総会とは何であろうか。【対話ガイドライン４−１−４】では，株主の出席・参加機会の確保等の観点から，バーチャル方式により株主総会を開催する場合には，株主の利益の確保に配慮し，その運営に当たり透明性・公正性が確保されるよう，適切な対応を行っているかが重視されている。

　株主総会の開催の方式は電子化・IT化も進められており，バーチャル総会とは，オンラインで開催するものである。「場所の定めのない株主総会」になる。ただ，オンラインでの総会の実施については，株主の利益の確保という観点から懸念される課題も多いことから，対話ガイドラインでは適切な対応の実施が重要視されているのである。

　バーチャル総会については，近時の社会状況からニーズが増えており，これに対し，通常の総会をリアル総会と呼ぶ。令和3年の産業競争力強化法（産競法）の改正により，一定の条件の下で上場会社は経済産業大臣と法務大臣による「確認」を受けて定款を変更した場合（施行日から2年間はみなし定款変更も可），特例としてバーチャル株主総会を実施できる（同法66条）。令和3年には同改正に定める日本初のバーチャルオンリー方式での株主総会が開催され，多数の株主がオンラインで出席した。海外でも同様の動きが広がっており，令和2年には経済産業省が『ハイブリッド型バーチャル株主総会の実施ガイド』も公表している。株主総会の開催形式には，ハイブリッド型として，質問や議決権を行使できる出席型のほか，視聴ができる傍聴型も増加傾向にある。なお，オンライン総会には，株主と経営陣との交流やコミュニケーションが妨げられるおそれも指摘されており（株主の軽視等），検討すべき課題も多い。

◆　検討課題

(1)　ガバナンス・コードにおける株主の位置付けについて，説明しなさい。株主の実質的な平等性の確保はどうなっているか。株主と投資者の区分はどうなるか。株主総会における株主の反対票の取扱いはどのようにすべきか。

(2)　株主総会の決議事項の委任や株主権の行使の確保について検討しなさい。議決権行使助言会社の意義と役割はどのようなものか。株主総会の意義と環境整備の重要性とは何か。株主への情報提供はどうあるべきか。

(3)　株主総会と適切な日程の設定や円滑な議決権の行使の在り方はどうなるか。有価証券報告書の意義と課題等について，説明しなさい。バーチャル方式の株主総会は，どのように考えられているか。

第3章

会社の資本政策と政策保有株式等

　この章では，上場会社による株式の発行や自社株買い等といった「資本政策」について，どうあるべきかを考えていく。会社の持続的成長や企業価値の向上の観点による，資本政策への評価が会社経営にとって重要になる。経済学や経営学等の知見も求められる。資本コストには，どのような意義が認められるのであろうか。

　また，会社が保有する政策保有株式についても，その妥当性の検討や情報開示等の在り方等がガバナンスの重要な課題と考えられており，十分注意が必要である。なお，この章では，会社が複数の事業を有する場合における，事業ポートフォリオ（組合せ）の定期的な見直しないし組替えに関する問題も取り上げている。

【設　例】

　上場会社であるＡ会社にとって，資本政策は重要である。資本政策の投資家への説明はどのように行われるべきであろうか。資本政策の在り方を考えるうえで，上場会社は自社の資本コストをどのように把握すべきか。

　また，Ａ会社は政策的目的により，重要な取引先である会社の株式をある程度持っている。上場会社が持つ政策保有株式については，取締役会においてどのように扱われるべきであろうか。

第1節　会社の資本政策の在り方

1　資本政策と資本コスト

図表3－1　資本政策の意義と内容

上場会社：証券取引所で株式を公開
　↓新株の発行，自社株買い，配当金の支払等を実施→資本政策が重要視
資本市場←多くの投資者（株主）が参加・上場会社を評価

(1)　資本政策と投資者の重視

　コーポレートガバナンス・コードでは，上場会社の資本政策が重視されている。「資本政策」とは，上場会社が事業を遂行していくうえで必要とされる資本・負債の調達，株主還元（自社株買いや株主への配当金の支払等），資本・負債の比率，それらに関する様々な手法等といった資本の管理のための政策をいい，資本調達を行う投資計画等も含まれる。資本政策を考えるうえでは，新しい株式の発行（公募増資，第三者割当増資，株主割当増資等）のほか，取引先との相互保有株式の在り方（政策保有株式），株主構成の変動等が主要な問題となる。上場会社には，大口の機関投資家（大株主）を含め多数の投資者（一般株主）がおり，資本提供者である株主や投資者を重視することが求められる。

　そこで，資本政策は，広く株主ないし投資者に関わるポリシーになる。換言すれば，資本市場（証券市場や株式市場）と真摯に向き合うことが資本政策の柱になるといいうる。投資者にとっては，株価・企業価値の向上・会社の業績や収益力の向上等が重要になる。ただ，これまでわが国の上場会社の経営においては，投資者・資本市場を重視する姿勢が海外と比べて弱く，それが株価や業績の低迷につながっているのではないかとも指摘されていた。

　会社法上，資本金は原則として設立や株式の発行に際して，株主となる者が会社に対して払込みや給付をした財産とされており（同法445条1項等。合併等でも増加する），経営者にはその充実した活用が求められる。他方，株主への利

益還元策としては，剰余金の配当が中心になるが（会社法453条），自己株式の取得や株式の分割等も含まれうる（同法155条，183条等）。

⑵　資本政策の方針の説明

　そこで，ガバナンス・コードの【原則1-3．資本政策の基本的な方針】は，上場会社は，資本政策の動向が株主の利益に重要な影響を与えうることを踏まえ，資本政策の基本的な方針について説明を行うべきであるとしている。資本政策の妥当性を判断する指標として，ROE（Return on Equity，自己資本〔株主資本〕利益率）やROA（Return On Assets，純資産利益率）等といったKPI（Key Performance Indicators，重要業績評価指標。単に評価指標や成果〔業績〕指標等ともいう）も重視される。

　実務上，株主資本コストを上回るROEは必要であると指摘されることも多い。「資本コスト」について，ガバナンス・コードは厳密な定義をしていないが，一般的には「自社の事業リスク等を適切に反映した資金調達に伴うコスト」をいう。資金の提供者である株式投資家が期待するリターン（収益率）と考えられ，適用の場面に応じて株主資本コストやWACC（Weighted Average Cost of Capital，加重平均資本コスト，ワックという）がよく用いられるが，これらに限られるものではない。一定の資本効率性が求められることになる。

> ### 会社法の関連テーマ：新株発行と株主への利益還元
>
> 　会社の活動には，資金調達（ファイナンス）が欠かせない。会社法において公開会社が新株の発行（増資）をする場合，原則として取締役会の決議と法定の株式の募集手続（申込み・割当て・出資の履行等）が必要になる（同法201条以下等。授権資本の範囲内のみ。株主総会の決議が必要になる場合もある）。新株予約権や社債の発行も可能である（同法238条以下，676条以下）。
>
> 　他方，会社から株主に対する利益還元としては，剰余金の配当が中心になる（会社法453条以下）。さらに，自己株式の取得（同法155条以下），株式の分割・無償割当て（同法183条以下）といったものもほぼ同様の性質を持つことが多い。こうした点を踏まえ，ガバナンス・コードは各社の株主資本コストに焦点を当てている。

2 株主との対話における資本コストの取扱い

(1) 資本コストの把握や収益力・資本効率等の目標設定

　資本政策や資本コストについては近時，これらの重要性を指摘する見解が多く出されている状況にある。そこで，対話ガイドラインの［1．経営環境の変化に対応した経営判断］の項目の【1－2】においては上場会社と機関投資家との対話の際に，4つの点が重要なものとして提示されている。

　第1に，経営陣が，自社の事業のリスクなどを適切に反映した資本コストを的確に把握しているかである（資本コストの把握）。第2に，そのうえで，持続的な成長と中長期的な企業価値の向上に向けて，収益力・資本効率等に関する目標を設定し，資本コストを意識した経営が行われているかも重視される（目標の設定）。また，第3に，こうした目標を設定した理由がわかりやすく説明されているかについてである。第4に，中長期的に資本コストに見合うリターンを上げているかである。資本コストとの関係で，実際の成果が問われる。

(2) 投資戦略・財務管理の方針との関係

　さらに，対話ガイドラインの［2．投資戦略・財務管理の方針］の項目の【2－1】によれば，資本コストについては，2つの側面から検討すべきことが求められている。第1に，保有する資源を有効活用し，中長期的に資本コストに見合うリターンを上げる観点から，持続的な成長と中長期的な企業価値の向上に向けた設備投資・研究開発投資・人件費も含めた人的資本への投資等が，戦略的・計画的に行われているかである。「人件費」に言及されているのは，人件費を抑制して利益を確保する動きは将来の企業の成長にマイナスであると考えられるため，人材に適切な賃金を支払い，人的資本（human capital）への投資を行うことが重要であるとのガバナンス・コード等の「フォローアップ会議」における指摘を踏まえたものである。

　第2に，対話ガイドライン【2－2】においては，経営戦略や投資戦略を踏まえ，資本コストを意識した資本の構成や手元資金の活用を含めた財務管理の方針が適切に策定・運用されているか，また，投資戦略の実行を支える営業キャッシュフローを十分に確保するなど，持続的な経営戦略・投資戦略の実現

が図られているかが重視されている。営業キャッシュフローが潤沢な企業であるほど，研究開発への投資がなされているとの指摘があったことを踏まえ，投資戦略の実行を支える営業キャッシュフローの重要性に言及している。

＜ポイント：企業価値とは何か＞

　近時の会社法制においては，『企業価値』という言葉がよく出てくる。企業価値とは，何であろうか。企業価値とは，会社の①財産，②収益力，③安定性，④効率性，⑤成長力等といった『株主の利益』に資する会社の属性またはその程度をいうとされ，概念的には，企業が生み出すキャッシュフローの割引現在価値の総和を想定している（経済産業省の「公正な M&A の在り方に関する指針（M&A 指針）」等）。

　ただ，企業価値は，株主に帰属する株主価値と幅広いステークホルダーに帰属する価値の合計であり，ステークホルダーの会社に対する貢献の向上は長期的な企業価値の向上につながりうるとの見解も主張されている。また，株主価値を独立に捉えるのではなく，顧客，従業員，取引先等の株主以外のステークホルダーに対する付加価値の創造が，ひいては株主価値に結び付くとの提言もある。最終的に個々の企業価値の増大は一般国民や社会全体の利益にもなる。

第2節　政策保有株式

1　政策保有株式の意義とその開示等

図表3-2　政策保有株式の意義と課題

```
上場会社
　↓
政策保有株式　┌意義→取引先等の株式を政策的に保有
　　　　　　　└課題→経済的な合理性や経営監視機能の低下等
```

⑴　政策保有株式の意義と問題点

　会社は，取引先の会社の株式を有していることが多い。政策保有株式とは，上場会社が純投資ではなく，取引先の会社の株式や子会社の株式等として政策的な目的で保有する株式をいう。株式の保有目的は金商法上の大量保有報告書の記載等を見ることでわかり，純投資目的と政策保有株式（業務提携等）等に大別される。取引先やグループ会社等との安定的な関係の構築，企業間の戦略的提携を進める際に有用であるため，多くの上場会社は政策的に他社の株式を保有している。相互に株式を持ち合う場合のほか（株式の相互保有・持合いという），一方的に取引先等の株式を保有する株式や，上場持株会社が子会社（非上場）において政策保有株式を保有しているケースも含まれうる。

　政策保有株式に対しては従来から，いくつかの側面から批判も多い。①経済的な合理性の側面としては，資本効率の低下や財務の不安定化につながるとの懸念，②経営の監視機能の側面からは，株主総会における議決権行使を通じた監視機能が形骸化するとの懸念，③取引関係の制約・固定化により企業の競争力が損なわれるのではないかとの懸念等が指摘されている。

　そのため，政策保有株式のメリットも考慮しつつ（短期的な利益主義に陥らない中長期的な経済合理性等），不当な取引等の弊害を除去することが重要になる。ガバナンス・コードでは，より深度ある対話が行われることが重視されるため，情報開示の充実が図られている。

⑵　政策保有株式に関する方針の開示と取締役会による検証の実施

　ガバナンス・コードの【原則1－4．政策保有株式】の第1段落の第1文は，上場会社が政策保有株式として上場株式を保有する場合には，政策保有株式の縮減に関する方針・考え方など，政策保有に関する方針を開示すべきであるとする。ここでは，個別の政策保有の基礎となる方針が広く開示されることにより，上場会社と市場との対話の基礎が確立されることが期待されている。

　また，同原則の第1段落の第2文は，毎年，取締役会で個別の政策保有株式について，保有目的が適切か，保有に伴う便益やリスクが資本コストに見合っているか等を具体的に精査し，保有の適否を検証するとともに，そうした検証の内容について開示すべきであるとしている。これは毎年，政策保有株式に関

する経済合理性等への懸念について，取締役会において独立した客観的な立場からの検証がなされたうえで，検証の内容が対外的に開示され，その反応等を踏まえて翌年の検証（保有の継続等に関する判断を含む）がなされるといったように上場会社と市場との対話が継続されることで，合理的な解決策が見出されることを期待するものである。

　この原則においては，取締役会が「個別の政策保有株式」について適否を検証することも求められている。そのため，経営の執行側が個別の政策保有株式の保有の適否の検証のため，一定程度の準備作業を行う場合であっても，実質的に取締役会自らが個別の銘柄について検証を行うことが必要になる。上場会社が一定の銘柄について取締役会で検証を行わない場合，エクスプレインとしてその理由を十分に説明するとともに，検証を行った銘柄については取締役会で行った検証の内容について開示することが求められる。

　この点，ガバナンス報告書の開示事項は，①政策保有に関する方針，②保有の適否に関する検証内容，③具体的な議決権行使基準等である。具体的な開示内容等は，①は政策保有株式の縮減に関する方針・考え方（例えば，どのような場合に政策保有を行うか，検証結果を踏まえて保有基準に該当しない場合にどのように対応するか等），今後の具体的な縮減計画等，②は保有目的の適切性，保有に伴う便益やリスクが資本コストに見合っているか否か等に関して取締役会が行った検証の内容等，③は議案の賛否の検討に関するプロセスや判断基準等になる。なお，金融商品取引法の有価証券報告書においても，政策保有株式の保有方針や保有の合理性を検証する方法等の情報開示が求められている（同法24条1項，企業内容等の開示に関する内閣府令第2号様式記載上の注意（58）等）。

(3)　議決権行使の具体的な基準の開示や不当な行為等の防止

　【原則1－4．政策保有株式】の第2段落は，上場会社は，政策保有株式に係る議決権の行使について，適切な対応を確保するための具体的な基準を策定・開示し，その基準に沿った対応を行うべきであるとしている。ここでは，政策保有株式に関する議決権行使への懸念に対し，各上場会社の合理的な判断に基づく具体的な基準が策定・開示や対応が行われ，それを踏まえた市場との対話を通じて合理的な解決策が見出されることが期待されている。策定される基準

には具体性が求められる。

　さらに，政策保有株式については，2つの補充原則が会社に対し不当な行為等をしないように求めている。第1に，【補充原則1－4①】は，上場会社は，自社の株式を政策保有株式として保有している会社（政策保有株主）からその株式の売却等の意向が示された場合には，取引の縮減を示唆することなどにより，売却等を妨げるべきではないとしている。ただし，業務提携等として政策保有株式の長期保有が前提とされている，企業間の合意や契約（いわゆる資本提携）を禁止するものではない。

　第2に，【補充原則1－4②】は，上場会社は，政策保有株主との間で，取引の経済合理性を十分に検証しないまま取引を継続するなど，会社や株主共同の利益を害するような取引を行うべきではないとしている。この補充原則は，上場会社が政策保有株主との間で行う取引自体の合理性を検証することが重要である旨を示すものである。政策保有の理由として取引関係の維持等が挙げられており，こうした取引が会社や株主共同の利益を害するようなものとならないようにすべきことを直接規定している。「取引の経済合理性」には，取引の正当性・公正性の観点が含まれ，例えば，政策保有株主でない他の類似の取引先との取引条件等と比較して，なぜ政策保有株主である取引先と行っている取引が合理的と認められるのか等の検証が重要になる。

② 政策保有株式の検証等と政策保有株主との関係

　この点，対話ガイドラインでは，2つの側面が重視されている。第1に，政策保有株式（退職給付信託に拠出された株式など，企業が直接保有していない実質的な政策保有株式も含む）について，それぞれの銘柄の保有目的や，保有銘柄の異動を含む保有状況が，わかりやすく説明されているかである（対話ガイドライン4－2－1）。そこでは，①個別銘柄の保有の適否について，保有目的が適切か，保有に伴う便益やリスクが資本コストに見合っているか等を具体的に精査し，取締役会において検証を行ったうえ，適切な意思決定が行われているか，②特に，保有効果の検証が，例えば，独立社外取締役の実効的な関与等により株主共同の利益の視点を十分に踏まえたものになっているかが問われる。

　そのうえで，そうした検証の内容について検証の手法も含め具体的にわかり

やすく開示・説明されているかといった点のほか，政策保有株式に係る議決権の行使について，適切な基準が策定され，わかりやすく開示されているか，また，策定した基準に基づいて，適切に議決権行使が行われているかが重要になる。そして，政策保有に関する方針の開示において，政策保有株式の縮減に関する方針・考え方を明確化し，そうした方針・考え方に沿って適切な対応がなされているかが重視される（対話ガイドライン4－2－2）。第2に，政策保有株主との関係が適切かどうかも問われ，前述した【補充原則1－4①・②】と同様の点が挙げられている（対話ガイドライン4－2－3，4－2－4）。

第3節　事業ポートフォリオの取扱い

1　事業ポートフォリオと企業価値の向上

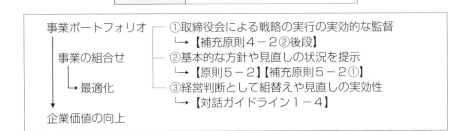

図表3－3　事業ポートフォリオの見直し等

収益力・資本効率等や企業価値の向上を考える際には，自社の事業内容の集中と選択を不断に見直す必要が大きい。特に複数の事業を有する上場会社においては，事業ポートフォリオ（企業が有する事業の組合せ）の組替え等の問題が重要視されている。企業理念・価値基準・経営戦略等に応じて事業ポートフォリオ・マネジメントを最適化し，会社の持続的な成長を確保するためである。

ガバナンス・コードの【補充原則4－2②】は取締役会の役割・責務として，事業ポートフォリオの戦略の実行の監督を挙げる。また，【原則5－2】は事業ポートフォリオの見直しの説明を求めるほか，【補充原則5－2①】におい

ても事業ポートフォリオに関する基本的な方針や見直しの状況についてわかりやすく示すべきであるとしており，定期的な見直しの重要性を示唆している。

　この点に関し，対話ガイドラインは［１．経営環境の変化に対応した経営判断］の項目の【１－４】で，経営戦略・経営計画等の下，事業を取り巻く経営環境や事業等のリスクを的確に把握し，より成長性の高い新規事業への投資や既存事業からの撤退・売却を含む事業ポートフォリオの組替えなど，果断な経営判断が行われているかに加え，その際，事業ポートフォリオの見直しについて，その方針が明確に定められ，見直しのプロセスが実効的なものとして機能しているかを重視している。ここでは，成熟事業が生み出す資金や整理・再生の検討対象事業の売却を通じて得た資金を，ハイリスクな成長事業への投資の資金源とするなど，事業のライフサイクルを踏まえた戦略的な資金配分を行うことの重要性を踏まえて，「より成長性の高い新規事業への投資や既存事業からの撤退・売却」が例示として明記されている点に注意を要する。

　事業ポートフォリオ・マネジメントの基本的な考え方としては，まず自社の持続的成長を支える競争優位性を最も活かせる事業（自社が「ベストオーナー」になれる，コア事業）を見極めることが必要になる。そのうえで，その強化のためのM&Aとノンコア（非中核）事業の整理を通じ，コア事業に対する経営資源の集中投資が戦略的に行われることが重視される（経済産業省の「グループ・ガバナンス・システムに関する実務指針」（グループガイドライン）参照）。

2　会社の事業の評価手法

　また，経済産業省の「事業再編実務指針～事業ポートフォリオと組織の変革に向けて～」（事業再編ガイドライン）もガバナンス・コードを補完し，種々の提案を行っている。事業再編ガイドラインでは，資本収益性と成長性を軸とする「４象限フレームワーク」という手法を用いて事業評価を行い，最適な事業ポートフォリオについて再考することが提案されている。そこでは，会社の事業は，A新規の成長事業，B現在の主力事業，C成熟事業，D低収益・低成長の旧来事業の４つに分類される。

　そのうえで，成熟事業で生み出された資金を新規の成長事業に振り向けるとともに，低収益・低成長に属する事業は切出しを検討すべきことになる。事業

ごとの資本収益性を測る指標としては，ROIC（Return On Invested Capital，投下資本利益率）などを用いて，資本コストや競合他社との比較を行うことも考えられる。そうした観点からは，投資家との建設的な対話に向けて，事業セグメントごとの資本収益性を含めた情報開示が望ましい。

会社法の関連テーマ：事業再編と会社分割等

　グループガイドライン等に見るように，会社は企業価値の向上や持続的成長の観点から，自社の複数の事業（ビジネス）を再編成することも適宜検討する必要がある。会社の組織再編の方法としては，会社法上の会社分割により，一部の事業部門に属する権利義務を他社や新設会社に承継（売却等）することが考えられる（同法757条以下等。吸収分割・新設分割）。会社分割の際は，原則として株主総会の特別決議・反対株主の株式買取請求権の確保や会社債権者の保護手続（公告や異議があれば弁済等を行う）が必要になる（同法783条以下等）。事業の切出しは，スピンオフやカーブアウトともいわれ，注目を集めている。

　また，取引行為として，事業の重要な一部を他社に譲渡（売却等）することもできる（会社法467条以下。事業譲渡という）。事業譲渡の手続は会社分割とほぼ同様であるが，会社債権者の保護手続は不要になる。なお，単なる重要財産の処分（譲渡）は取締役会の決議で可能である（同法362条4項1号）。

◆　検討課題

(1)　資本政策の意義について，説明しなさい。資本コストや収益力・資本効率とは何か。ガバナンス・コードと対話ガイドラインは，資本政策についてどのようなことを求めているか。

(2)　政策保有株式とは，どのようなものか。その意義と問題点を検討しなさい。政策保有株式について，どういった検討と情報の開示が求められているか。

(3)　事業ポートフォリオについて，検討しなさい。会社の事業の評価方法にはどのようなものがあるか。事業再編と会社分割等は，会社法上どのように規定されているか。

第4章

企業買収や支配権の移動等への対応等

　この章は，企業買収（M&A）や会社の経営支配権の移動等への対応といった問題を考えていく。敵対的な企業買収と買収防衛策については，どのように理解されるべきであろうか。上場会社の企業買収に際しては，株式の公開買付け（TOB）に対する対応も重要な論点になる。

　また，MBO（マネジメント・バイアウト）の意義と検討すべき課題には，どのようなものがあるか。経営者と株主との間の利益相反リスクや，強圧性といった点に注意したい。なお，会社と関連当事者（役員や支配株主等）との間の取引に関する問題についても取り上げていく。

【設　例】

　上場会社であるＡ会社は，同業であるＢ会社から買収を提案されている。これに対し，Ａ会社の経営陣はそうした買収提案を拒否し，買収防衛策を講じることを検討しようと考えているところである。敵対的ないし非友好的な買収になる。

　上場会社の買収防衛策については，どのように考えられるであろうか。買収防衛策の種類や注意すべき点は何か。また，Ｂ会社が計画しているとされるＡ会社の株式への公開買付け（TOB）の実施に際し，Ａ会社やその経営者らとしてはどのように対処すべきであろうか。

第1節　企業買収と買収防衛策

| 図表4－1 | 買収防衛策の意義と懸念等 |

```
上場会社←買収者の出現，大量に株式を取得
     └→事前・事後に買収防衛策等を検討←経営陣の保身目的等が懸念
```

1　企業買収と買収防衛策

(1)　買収防衛策の導入・運用に関する検討等

　近時は企業の合併・買収（M&A, Mergers & Acquisitions）や経営支配権の移動が活発になっており，そうした会社の活動への対応が重要な課題になっている。会社の企業価値の向上や資本政策にも関わる。M&A等は資本市場と投資者への影響も大きいため，経営者には適切な説明や対応が求められる。

　そこで，ガバナンス・コードの【原則1－5. いわゆる買収防衛策】は，買収防衛の効果をもたらすことを企図してとられる方策は，経営陣・取締役会の保身を目的とするものであってはならないとしている。その導入・運用については，取締役会・監査役は，株主に対する受託者責任を全うする観点から，その必要性・合理性をしっかりと検討し，適正な手続を確保するとともに，株主に十分な説明を行うべきとされる。

　買収防衛策の導入やその運用は，多くの株主や投資家に対して大きな影響を及ぼすことが多い。そこで，本原則は買収防衛策の目的が経営陣・取締役会の保身であってはならないことを明記するとともに，その導入・運用について，株主への受託者責任を踏まえつつ法規制等の遵守を含め適切な対応を求めている。本原則の適用範囲には，意図せずに買収防衛の効果を事実上もたらしうるような通常の事業活動等は含まれないが，特定の買収防衛策（新株予約権を用いたライツ・プラン等）のみに限定されるものでもない。

(2)　買収防衛策の意義と位置付け

　一般に買収防衛策とは，上場会社が資金調達等の事業目的を主要な目的とせ

ずに新株または新株予約権の発行を行うこと等による当該上場会社に対する買収（会社に影響力を行使しうる程度の数の株式を取得する行為）の実現を困難にする方策をいう。買収防衛策には，実際に買収が生じる前か後かで，事前と事後ないし平時・有事といった区分がある。そのうち，事前ないし平時の防衛策は，経営者にとって好ましくない者による買収が開始される前に導入（新株の発行決議等による具体的内容が決定）されるものである。

　会社法上，新株発行については，正当な目的である資金調達ではなく，経営者の保身等が主要な目的である場合，不公正発行として株主による差止事由になる（同法210条2号，東京高決平16・8・4金判1201号4頁等参照）。これは主要目的ルールといわれ，判例法理として定着している。ガバナンス・コードもそうした会社法の判例法理を踏まえたものである。

⑶　買収防衛策の種類とその指針等

　具体的な買収防衛策は，買収者の持株比率を引き下げることなどを目的として行われる。具体的には，①大量の株式や新株予約権の友好的な第三者（ホワイト・ナイト〔白馬の騎士〕）への発行や株式の分割，②配当増加による株価の引き上げ，③標的となる重要な財産（クラウン・ジュエル）の売却，④平時の安定株主工作（従業員・取引先等）・企業同士の株式の持合いや相互保有等がある。最近では新株予約権の無償割当て（会社法277条）等（ライツ・プラン等という）が用いられることが増えている。

　買収防衛策が許されるかどうかは，その目的や内容のほか，決定機関等の状況により判断される。買収防衛策を定めている場合には，会社の事業報告で，買収防衛策の基本方針の内容の概要とともに，その取組みが株主の共同の利益を損なうものではないこと，会社役員の地位の維持を目的とするものでないことなどの要件の該当性について，取締役の判断とその理由を開示しなければならず（会社法施行規則118条3号），金融商品取引法上の有価証券報告書でも，買収防衛策の一環として新株予約権を発行している場合はそのライツ・プランの内容を記載しなければならない（同法24条等）。

　買収防衛策に関しては，ソフトローとして経済産業省と法務省による「企業価値・株主共同の利益の確保又は向上のための買収防衛策に関する指針」が公

表されており，実務上重視される（平成17年5月27日商事1733号26頁）。この「買収防衛策の指針」は，買収防衛策について以下の3つの原則を掲げている。

【原則1】は，企業価値・株主共同の利益の確保・向上の原則である。明白な侵害的買収や強圧的な買収から防衛し，必要な交渉確保等のための防衛は可能とする。【原則2】は，事前開示・株主意思の原則である。目的・内容等を開示し，株主総会等が関与することとしている。【原則3】は，必要性・相当性の原則である。買収者を差別・損害を与える防衛策でも正当な手続を踏めば可能であるが，経営者の保身のための濫用は防止すべきとする。このうち，特に【原則2】が重視されることが多い。

2 ライブドアの敵対的買収事件と買収防衛策の4類型

企業買収の多くは買収対象会社の経営陣の同意のある友好的買収であるが，そうした同意がなく経営陣が買収を拒むものを敵対的買収という。敵対的買収は社会ではきわめて注目され，対象となった会社の対応が株主等にとって重要になる。敵対的買収に関する著名な事件としては，平成17年に起きたライブドア対ニッポン放送事件がある。この事件は当時IT企業であったライブドアが証券取引所の時間外取引であるトストネットにより，突然ニッポン放送株を大量に（3分の1以上）取得したものである。ライブドアは公開買付け（TOB）を実施しておらず株式取得方法の違法性も問題となるなか，ニッポン放送側は買収防衛策としてフジテレビに大量の新株予約権を発行しようとした。

しかし，裁判所は大株主となったライブドアによる差止仮処分の申請を認め，経営陣の支配権の維持・確保を主要な目的とする商法（現在の会社法247条2号）に違反する不公正発行であるとした（東京高決平17・3・23判時1899号56頁。いわゆる主要目的ルールの適用）。ただ，裁判所は，特段の事情があれば例外的に不公正発行にならないとして4つの類型を例示し（ライブドア事件の4類型），現在でも実務上重視されている。

4類型とは，買収者が，①高値肩代わり目的のグリーンメイラーか，②焦土化経営目的か，③会社資産の流用予定か，④一時的高配当目的，といった場合等であり，そうした会社を食い物にする濫用目的の敵対的買収者であれば，必要性・相当性の範囲で防衛策が許されるとした。同事件では，4類型への該当

性は否定され，ニッポン放送側の買収防衛策は認められなかったが，濫用の類型を明示した点は後の判例や実務に影響を及ぼしていく。後述するブルドックソース事件の最高裁判例ではこうした類型への言及はないものの，買収防衛策が肯定されるに至っている。新株予約権等もよく用いられる。

第2節　公開買付け（TOB）への対応

1　会社側の明確な説明と不当な措置の防止

　企業買収に際しては，公開買付け（TOB）への対応が問題になる。そこで，ガバナンス・コードの【原則1－5．いわゆる買収防衛策】について，【補充原則1－5①】は，次のような対応を求めている。上場会社は，自社の株式が公開買付けに付された場合には，取締役会としての考え方（対抗提案があればその内容を含む）を明確に説明すべきであり，また，株主が公開買付けに応じて株式を手放す権利を不当に妨げる措置を講じるべきではないとしている。

　公開買付けは，対象となる上場会社の大量の株式（上場株券等）の取得を行うものである。一般に株式の公開買付けは TOB（Take Over Bid）と呼ばれ，「市場外」における上場会社の大量（5％超や3分の1以上）の株式等の勧誘・取得を意味する（金融商品取引法27条の2等）。そうした市場外の株式の大量取得については，資本市場のルールが及ばないため不正行為がなされやすい。

　そのため，金融商品取引法による適切な情報開示（公開買付届出書等）と投資者の平等性（買付条件の均一性等）双方の確保措置が要請される（同法27条の3以下等）。なお，近時では市場内の株式の大量取得にも TOB ルールを及ぼすべきとの見解も主張されている。

2　敵対的な公開買付けの実施とブルドックソース事件の買収防衛策

　前述のライブドア事件の後，ブルドックソース事件が現れた。この事件は，平成19年に上場会社のブルドックソースに対して，アメリカの投資ファンドが敵対的企業買収として公開買付け（TOB）を実施したものである。前述したライブドア事件とは異なり，買収側は公開買付けによりブルドックソースのすべ

ての株式の取得を目指し，それに対する対象会社の対応が問われることになった。ブルドックソース側の取締役会はTOBへの反対を決議し，買収防衛策として株主総会の特別決議（8割超の賛成）により，1株に3個を割り当てる新株予約権無償割当てを実施し（会社法277条），投資ファンド側の新株予約権だけには取得条項を付して買い取ることとした（差別的な条件。金銭的補償あり）。

　これに対し，買収を仕掛けた投資ファンド側は，株主平等原則違反・不公正発行を理由に差止仮処分命令の申立てを行った（会社法247条の類推適用）。裁判では第1審・第2審が投資ファンド側の主張を退け，最高裁もほぼ同様の決定をした（最決平19・8・7民集61巻5号2215頁）。最高裁は株主総会の決議による株主の意思の確認を重視し，企業価値が毀損され，会社の利益ひいては株主の共同の利益が害される場合，差別的な取扱いも衡平の理念に反し，相当性を欠くものでない限り株主平等の原則（会社法109条1項）の趣旨に反しないとして，不公正発行の主張も否定している。

　この判例はほぼ前述の「買収防衛策の指針」に則り，買収防衛策を肯定するものであり，後の事例の重要な先例になっている。そこで，近時の判例でも株主意思の確認が重視される傾向にあり，株主総会の承認を得た事前警告型買収防衛策の発動の適法性を肯定したものが見られる（名古屋高決令3・4・22資料版商事446号138頁等）。買収防衛策の導入や発動に関する判断の在り方を巡っては，取締役会のみでの発動の是非等を含め議論が多い。買収防衛策の妥当性等の判断は現在のところ各社の個別対応や裁判所の司法判断に委ねられているが，国際的な企業関連法のバランスからは公正中立で専門性のある公的な買収審査機関の創設等といった本格的な企業買収法制の整備も望まれるであろう。

第3節　支配権の変動等への対応

1　MBO等の意義と問題点

【設　例】
　上場会社であるA会社の経営者は，MBOの実施を計画している。MBOによって，自社の改革を迅速に進めようとするものである。

　A会社の経営陣がMBOを進めるうえで，同社の少数株主の保護をどのように図るべきであろうか。M&A指針が提示している公正性担保措置とはどのようなものであろうか。

図表４−２	MBOの状況と利益相反リスク

```
　　　自社を買収：100％株式の取得（公開買付け等）
経営陣（多数派）　　　　　　　　　　→一般株主（少数株主）
　　　　　　└→利益相反リスク└→公正性確保・保護の必要性
```

　会社の資本政策には，株主の利益を害する可能性があるものも見られる。MBOや大規模な第三者割当増資等である。そのため，ガバナンス・コードの【原則１−６．株主の利益を害する可能性のある資本政策】は，支配権の変動や大規模な希釈化をもたらす資本政策（増資，MBO等を含む）については，既存株主を不当に害することのないよう，取締役会・監査役は，株主に対する受託者責任を全うする観点から，その必要性・合理性をしっかりと検討し，適正な手続を確保するとともに，株主に十分な説明を行うべきであるとしている。法令等の規律の適切な遵守を含め，適切な対応を求めるものである。

　MBO（Management BuyOut）とは，経営陣が参加する自社の買収である。「現在の経営者が全部または一部の資金を出資し，事業の継続を前提として一般株主から対象会社の株式を取得すること」とも定義される（経済産業省の「公正なM&Aの在り方に関する指針〔以下，「M&A指針」という〕」）。経営者等による自社を対象とした買収であり，毎年上場会社で一定数見られる。

　MBOは，全部取得条項付種類株式や株式の併合等の手法を用いて少数株主を締め出し（スクイーズ・アウト），経営者側が100％の完全支配を目指すものである（会社法171条以下，180条以下等）。特別支配株主の株式等売渡請求制度を用いる場合には，対象会社の承認等も必要になる（同法179条以下）。MBOにより経営者は少数株主の意向を気にすることなく，迅速な経営改革を実施できる。ファンドや金融機関等が必要な資金を貸し付けることも多い。

2 | MBO と二段階買収

MBO では，第1段階において株式の公開買付け（TOB）などにより経営者側が自社の株式を買い集めて多数派の株主となり，それに続く第2段階では，MBO に応じない残りの株式について経営者側による強制取得がなされることが多い。二段階買収といい，少数株主には強圧性が生じる。

第2段階においては，全部取得条項付種類株式や株式併合・特別支配株主による株式等売渡請求等の方法が用いられる。例えば，全部取得条項付種類株式では，既存の普通株式を全部取得条項付種類株式に変更したうえで，多数決によるその取得の対価については，経営者以外は1株に満たないものとして端数の金銭処理を行い（会社法171条，234条等），100％の株式を取得する。

その際，少数株主には取得価格の決定について裁判所に申立てを行うことにより，取得価格の妥当性を争う権利がある（会社法172条）。MBO に関し，買取価格に不満を持った株主から裁判所に価格決定の申立てがなされた結果，裁判所が客観的価値にプレミアムの上乗せを認めた判例も重要になる（最決平21・5・29金判1326号35頁等）。

3 | M&A 指針の公正性担保措置

⑴ 特別委員会の設置

MBO においては，経営陣（多数派の株主）と少数株主との間に利益相反リスクが生じるため，特に少数株主の保護や公正な取扱いの確保が要請される。そのため，M&A 指針では，MBO と支配株主による従属会社の買収を含め，以下のような「公正性担保措置」の実施が推奨されており，重要な意義を持つ。

第1に，独立した特別委員会の設置であり，社外役員を含む。特別委員会は，構造的な利益相反の問題が対象会社の取締役会の独立性に影響を与え，取引条件の形成過程において企業価値の向上および一般株主の利益確保の観点が適切に反映されないおそれがある場合に，本来は取締役会に期待される役割を補完し，または代替する独立した主体として設置される会議体である。M&A 指針では，MBO や支配株主による買収について特別委員会の任意の設置が求められ，実務上も MBO 等では，特別委員会（第三者委員会や独立委員会等と呼ばれ

ることもある）が設置されることが多い。取引等の公正性を確保し，事後の紛
争を防止するという重要な役割を担う。

(2)　専門家の助言等

　第2に，外部専門家の独立した専門的助言等の取得がある。法律事務所の助
言や金融機関の株式価値評価の取得等になる。第3に，マーケットチェックと
して他の買収者による買収提案の機会の確保がある。入札（オークション）や
他の潜在的な買収者への打診，十分な期間を設けた公開買付け等の方法による。
　第4に，マジョリティ・オブ・マイノリティ条件の設定である。一般に
MoM条件（要件）といわれ，公正性を高めるため，買収者と利害関係者以外
の一般株主の過半数の賛同を得ることを意味する。買収への対抗措置発動の際
におけるMoM要件による株主総会の株主意思の確認手続について，一定の合
理性を認める裁判例も現れている（東京地決令3・10・29資料版商事453号98頁は，
新株予約権無償割当差止仮処分命令申立事件で，申立てを却下）。

(3)　フェアネス・オピニオンによる透明性の向上等

　第5に，一般株主への情報提供の充実とプロセスの透明性の向上として，法
令等のほかにも自主的な買収に関する適切な情報の提供を求める。特別委員会
の設置や株式価値算定書（金融機関等に依頼）等のほか，取締役の善管注意義
務や経営判断の妥当性の確保といった観点から，フェアネス・オピニオンが重
視される傾向にある。フェアネス・オピニオンとは，専門性を有する独立した
第三者評価機関（金融機関や会計事務所・弁護士事務所等）がM&A等の当事者
に対し，取引条件や一般株主にとっての公正性について財務的見地から意見を
表明するものをいう。
　第6は，強圧性の排除であり，公開買付けに反対した株主からのその後の買
取価格も同一のものとすること等になる。全体として，構造的な利益相反の問
題と情報の非対称性の問題に対処し，一般株主ないし少数株主の保護を目的に
している。前述のように特別委員会や専門家の助言等を得ている事例は多い。

第4節　関連当事者間の取引の監視

図表4-3	関連当事者取引のリスク

関連当事者 ◄───取引───► 会社
　　└─► 役員・主要株主等　　└─► 不利益が生じるおそれ

1　関連当事者間の取引に関するチェックの必要性

　役員や主要株主等の関連当事者は，上場会社に対して重要な影響力を持っていることが多い。そうした関連当事者と上場会社が取引を行う場合には，会社に不利益が生じるおそれがある。

　そのため，ガバナンス・コードの【原則1-7．関連当事者間の取引】においては，上場会社がその役員や主要株主等との取引（関連当事者間の取引）を行う場合には，そうした取引が会社や株主共同の利益を害することのないよう，また，そうした懸念を惹起することのないよう，取締役会は，あらかじめ，取引の重要性やその性質に応じた適切な手続を定めてその枠組みを開示するとともに，その手続を踏まえた監視（取引の承認を含む）を行うべきであるとされている。この原則は関連当事者間の取引（related party transaction）につき，独立した客観的な立場から独立社外取締役を含む取締役会があらかじめ適切な手続を策定し，その枠組みについて開示するとともに，監視を行うべきことをその責務として求めている。

　本原則の趣旨は，構造的な利益相反の問題（利益相反リスク）を踏まえて，事前に適切な手続の策定・開示を求めるところにある。この原則によるガバナンス報告書の開示事項は関連当事者間の取引を行う場合の手続であり，具体的な開示内容等は取引を行うに際しての承認プロセスや確認項目，取引条件の設定方法等になる。こうした手続は取引の重要性等に応じた一定の幅を持つものになることが想定され，現在そうした取引を行っていない場合でも適切な手続を策定したうえで，その枠組みを開示することが必要とされている。

2 関連当事者間の取引と会社法等

　関連当事者間の取引の手続や情報開示等については，会社法による規制も重要である。会社法では一定の場合，取締役会による利益相反取引の事前承認や事後報告の規制（同法356条１項２号等。利害関係者の参加は排除〔369条２項〕）のほか，個別注記表および事業報告の開示（会社計算規則112条１項，会社法施行規則118条５号等）が必要になる。また，金融商品取引法でも有価証券報告書による開示（財務諸表規則８条の10等）等が求められる。ただ，法定の規制は対象となる範囲が限定されるなど柔軟性に欠けるところもある。

　これに対し，ガバナンス・コードの原則は必ずしもそうした規律の対象となる取引の範囲にとらわれず，会社や株主共同の利益を害するおそれのある関連当事者間の取引全般をその対象にしているところに違いがある。ガバナンス・コードが求める手続の内容には一定の幅があることから，「取引の承認」は監視方法の例示とされ，必ずしもあらゆる取引について一律に取締役会の承認を求めるものではなく，任意の諮問委員会の活用等による対応も想定されている。なお，取締役会や独立社外取締役がその役割・責務として経営陣・支配株主等の利益相反を適切に管理・監督すべきという点は，ガバナンス・コードの【原則４－３】や【原則４－７（ⅲ）】にも定められている。

［ 会社法の関連テーマ：取締役の利益相反取引等の規制 ］

　ガバナンス・コードに見られるように，関連当事者間の取引規制の重要性は国際的にも大きくなっている。この点に関し，取締役が自己または第三者のために会社と取引をしようとするときは（利益相反取引という），会社法上事前に重要な事実を開示し，取締役会の承認を受けることなどが必要になる（同法356条１項２号等。事後の報告義務もある）。

　取締役が個人的な利益を得る半面で，会社の利益を不当に害さないようにするため，事前・事後のチェックを義務付けている。そうした規制に違反した場合，解任の正当理由になるほか，損害賠償責任の対象になりうる。取締役の善管注意義務や忠実義務といった観点からの規制も重要である（会社法330条，355条等）。関連当事者間の取引やグループ会社間における取引のチェックの在り方についても，そうした規制内容と併せて考える必要がある。

◆ 検討課題

(1) 企業買収における買収防衛策の意義と問題点について，検討しなさい。防衛策の導入と運用上，どのようなことが求められるか。買収防衛策の指針やライブドア事件の４類型の意義は何か。

(2) 公開買付け（TOB）の意義と法規制の内容はどのようなものか。ガバナンス・コードの【原則１−５】では，公開買付けへの対応として何が求められているのであろうか。関連判例はどのようになっているか。

(3) MBO の意義と内容等について，説明しなさい。ガバナンス・コードの【原則１−６】の趣旨はどのようなものか。M&A 指針の公正性担保措置とは何か。

(4) 関連当事者間の取引の問題点とチェックの在り方について，検討しなさい。どのような手続や開示が求められているのか。会社法等との関係はどうなるであろうか。

第5章

株主以外のステークホルダーとの
適切な協働等

　この章では，会社のステークホルダー（利害関係者）との関係について考える。上場会社は社会的存在であり，従業員や顧客をはじめ，取引先，地域社会等といった多くのステークホルダーを持つ。そうした利害関係者の利益は会社経営において，どのように扱われるべきであろうか。

　経営理念等の策定に加え，社会・環境問題等のサステナビリティ（ESG要素を含む中長期的な持続可能性）を巡る課題への対応も，会社の様々な活動にとって重要性を増している。なお，内部通報制度の体制整備のほか，企業年金の積立金の運用の在り方も検討する。

【設　例】

　上場会社であるA会社は，多くの従業員を雇用している。同社の顧客や取引先も多数に及ぶ。地域社会との関係も深いものがある。

　そうした従業員や取引先等は，A会社のステークホルダー（利害関係者）として，同社にとって重要性が大きい。A会社の経営の在り方としては，そうしたステークホルダーとの関係をどのように考えるべきか。上場会社には，サステナビリティやESG要素といった観点から，どのような対応がなされることが望まれているのであろうか。

第1節　ステークホルダーと企業価値の向上

1　ステークホルダーとサステナビリティの重視

| 図表5−1 | 株主以外のステークホルダーとの適切な協働（基本原則2） |

```
ステークホルダーとの適切な協働 ─┬①会社の持続的な成長と中長期的な企業
　　　　↓　　　　　　　　　　　　　　価値の創出
会社の利害関係者←従業員，顧客，取引先，債権者，地域社会等
　　　　　　　　　　　└②取締役会等→企業文化・風土の醸成
```

(1)　ステークホルダーとの適切な協働

　上場会社は株主だけではなく，ステークホルダー（利害関係者）を重視すべきと考えるのは近時の世界的な傾向である。ただ，会社がどのようにステークホルダーとの関係を構築すべきかという点については，検討すべき課題が多い。

　この点，ガバナンス・コードの【基本原則2．株主以外のステークホルダーとの適切な協働】は，上場会社は，会社の持続的な成長と中長期的な企業価値の創出は，従業員，顧客，取引先，債権者，地域社会をはじめとする様々なステークホルダーによるリソースの提供や貢献の結果であることを十分に認識し，これらのステークホルダーとの適切な協働に努めるべきであるとしている。取締役会・経営陣は，これらのステークホルダーの権利・立場や健全な事業活動倫理を尊重する企業文化・風土の醸成に向けてリーダーシップを発揮すべきであるとする。【基本原則2】には，6つの原則と4つの補充原則が定められている。

　【基本原則2】の「考え方」によれば，上場会社には，株主以外にも重要なステークホルダーが数多く存在し，これらのステークホルダーには，従業員をはじめとする社内の関係者や，顧客・取引先・債権者等の社外の関係者，さらには，地域社会のように会社の存続・活動の基盤をなす主体が含まれる。そうしたことから，上場会社は，自らの持続的な成長と中長期的な企業価値の創出

を達成するためには，これらのステークホルダーとの適切な協働が不可欠であることを十分に認識すべきと考えられている。

　この原則は OECD（経済協力開発機構）のコーポレート・ガバナンス原則の章立てを踏まえつつ，わが国では伝統的にステークホルダーの権利や立場を幅広く尊重する企業文化・風土が根強いことを反映したものと考えられている。こうした原則実施の責務を一次的に，取締役会・経営陣の役割・責務として捉えているところにも特徴がある（トーン・フロム・ザ・トップといわれる）。なお，ステークホルダーにはガバナンス・コードが挙げる株主や従業員等のほか，企業によって，消費者，社員，仕入先・サプライヤー，銀行等も含まれうる。

(2)　サステナビリティ課題への対応

　また，【基本原則2】の「考え方」においては，「持続可能な開発目標」(SDGs, Sustainable Development Goals）が国連サミットで採択され，気候関連財務情報開示タスクフォース（TCFD, Task Force on Climate-related Financial Disclosures）への賛同機関数が増加するなど，中長期的な企業価値の向上に向け，サステナビリティ（ESG 要素を含む中長期的な持続可能性）が重要な経営課題であるとの意識が高まっている点が指摘されている。サステナビリティは，ESG 要素（後述）を含む中長期的な持続可能性と定義され，スチュワードシップ・コードともバランスを合わせ，ESG 要素が重視されるようになっている。

　こうしたなか，わが国企業においては，サステナビリティ課題への積極的・能動的な対応を一層進めていくことが重要となる。上場会社が，そのような認識を踏まえて適切な対応を行うことは，社会・経済全体に利益を及ぼすとともに，その結果として，会社自身にもさらに利益がもたらされる，という好循環の実現に資するとも考えられている。なお，TCFD の気候関連情報の開示対応については，第6章第2節を参照。

(3)　ESG 要素と3つの要素の内容

　ESG は，①環境（Environment）・②社会（Social）・③ガバナンス（Governance）の3つの要素からなり，これらを ESG 要素という。③の G（企業統治）の要素は，社長・CEO や取締役会の役割等としてガバナンス・コードの中心である。

　それに対し，①と②の要素にも注目が集まっている。①のE（環境）の要素はサステナビリティの問題として気候変動への対応等になり，②のS（社会）の要素は従業員の健康・安全や，人的資本（人材の価値）への投資等がある。

　ESG要素は従来からある企業の社会的責任（Corporate Social Responsibility, CSR）と似ているところもあるが，従来の枠組みを超えるグローバルなスタンダードであり，CSRとは異なる側面が大きい点に留意したい。経済のデジタル化の進展とともに，ESG関連投資（投資信託や社債等）のほか，ESG要素への取組みの成果を役員報酬の算定に取り入れる動きも広がっている。

◁ポイント：わが国におけるステークホルダーを巡る歴史的推移▷

　わが国の上場会社において歴史的に，株主以外のステークホルダー（従業員や取引先・主要銀行等の利害関係者）はどのように考えられてきたのであろうか。従来は，企業グループや取引先等による株式の相互保有等を背景として，事実上株主総会は経営者・取締役の支配下にあることが多く，株主・投資者の利益よりも，従業員の利益が重視されてきたといわれる。

　ところが，2000年代以降，株式の持合いの減少と国内外の機関投資家の株式保有の増大により，上場会社の株主構成には急激な変化を生じることになった。そうした状況を受けて，株主行動主義（アクティビズム。株主提案権等の増加）の顕在化のほか，敵対的買収が徐々に活発になり始める。ガバナンス・コード等にはそうした投資家・株主の動きを後押ししている側面もある。

　ただ，国際的に企業は株主の利益だけではなく，ステークホルダーの利益も重視すべきとの考え方が増えつつあり，ガバナンス・コード等にもサステナビリティ経営等の考え方が取り入れられている。イギリスの会社法では，取締役会は株主以外のステークホルダーの利害も考慮する責務を負うと明記されている。こうした問題は今後ソフトローのみならず，会社法等のハードローにも影響を及ぼすことが予想される。

2　経営理念と行動準則の策定等

(1)　経営理念の策定

　これらの背景や社会情勢等を受けて，ガバナンス・コードの【原則2－1．中長期的な企業価値向上の基礎となる経営理念の策定】においては，上場会社

は，自らが担う社会的な責任についての考え方を踏まえ，様々なステークホルダーへの価値創造に配慮した経営を行いつつ中長期的な企業価値向上を図るべきであり，こうした活動の基礎となる経営理念を策定すべきであるとされている。「経営理念」は会社の価値観を定めるとともに，事業活動の大きな方向性を示すものであり，具体的な経営戦略・経営計画や会社の様々な活動の基本となるため，ガバナンス・コードでは各所できわめて重視される。

　経営理念は株主を含むステークホルダーから見ると，非財務情報のひとつとして会社が様々なステークホルダーに配慮しつつ，どのように中長期的な企業価値の向上を図っていくのかを理解するための重要な情報である。そうした趣旨から，【原則2−1】はその名称にかかわらず，そうした内実を伴った会社の理念や考え方を確立することを求めている。策定された経営理念は情報開示が必要になるとともに（【原則3−1（ⅰ）】），会社の目指すところ（経営理念等）を確立して戦略的な方向付けを行うことは取締役会の役割・責務のひとつに掲げられ（【原則4−1】），取締役会が最高経営責任者等の後継者の計画の適切な監督を行ううえでも重視されることになる（【原則4−1③】）。

(2) 行動準則の策定・実践

　ガバナンス・コードの【原則2−2．会社の行動準則の策定・実践】は，上場会社は，ステークホルダーとの適切な協働やその利益の尊重，健全な事業活動倫理などについて，会社としての価値観を示しその構成員が従うべき行動準則を定め，実践すべきであるとする。そして，取締役会は，行動準則の策定・改訂の責務を担い，これが国内外の事業活動の第一線にまで広く浸透し，遵守されるようにすべきであるとしている。

　実際に，上場会社の多くは行動準則を策定している。会社の行動準則は，「倫理基準や行動規範等」という名称や呼称のこともあり，ガバナンスの要のひとつとして重要な意義を持つ。そうした行動準則の実践のための施策が適切であるか否かの判断については，各会社の取締役会が判断すべきことになる。

　そこで，【補充原則2−2①】においては，取締役会は，そうした行動準則が広く実践されているか否かについて，適宜または定期的にレビューを行うべきであるとされる。その際には，実質的に行動準則の趣旨・精神を尊重する企

業文化・風土が存在するか否かに重点を置くべきであり，形式的な遵守確認に
終始すべきではないとしている（同補充原則）。このようにレビューを行い，当
該レビューの結果を踏まえて，必要に応じて行動準則の改定を行うというプロ
セスを繰り返していくことは，行動準則を浸透，遵守させるためにも有効であ
ると考えられている。企業のパーパス（存在意義）を広く社会に向けて提示する，
「パーパス経営」も一部で広がってきている。

第2節　社会・環境問題への対応や多様性の確保等

1　社会・環境問題への対応

(1)　サステナビリティを巡る課題

図表5－2	サステナビリティに関するコード等

- ①取締役会のサステナビリティを巡る課題への対応の検討→補充原則2－3①
- ②サステナビリティの取組みの開示→補充原則3－1③
- ③取締役会の同取組みの基本的な方針の策定→補充原則4－2②
  - ↳対話ガイドライン1－3：サステナビリティ委員会の設置等の整備

　企業にとって，社会・環境問題やSDGs（持続可能な開発目標）への対応は，
近年その重要性がかなり大きくなっている。そこで，ガバナンス・コードの【原
則2－3．社会・環境問題をはじめとするサステナビリティを巡る課題】にお
いては，上場会社は，社会・環境問題をはじめとするサステナビリティを巡る
課題について，適切な対応を行うべきであるとされている。サステナビリティ
とは前述のように，ESG要素を含む中長期的な持続可能性と定義されており，
ESG要素の重視や，ショートターミズム（短期志向）ではなく，中長期的な方
向に焦点を当てているところにポイントがある。
　上場会社がサステナビリティを巡る課題に対し，具体的にどのような対応を
行うかは会社の事業活動の規模や業種・業態に応じて多様な内容が考えられて
いる。そのため，サステナビリティ課題への対応については，会社の自主的な

取組みに委ねるべき部分が特に大きい。

　この原則を踏まえ，【補充原則2-3①】は，取締役会は，気候変動などの地球環境問題への配慮，人権の尊重，従業員の健康・労働環境への配慮や公正・適切な処遇，取引先との公正・適正な取引，自然災害等への危機管理など，サステナビリティを巡る課題への対応は，リスクの減少のみならず収益機会にもつながる重要な経営課題であると認識し，中長期的な企業価値の向上の観点から，これらの課題に積極的・能動的に取り組むよう検討を深めるべきであるとしている。上場会社が取り組むべきサステナビリティ課題としてESG要素のうち，環境（E）の要素（気候変動や自然災害）および社会（S）の要素（人権の尊重や従業員への適切な処遇，取引先との公正な取引等）をより具体化したものである。

　サステナビリティ課題への対応を誤れば，会社のレピュテーション（評判・社会的評価）や企業価値等を大きく毀損する事態も招きかねない。そこで，リスク管理の一環として取締役会に対し，リスク管理体制等を通じて適確に対処することが求められている。それとともに，サステナビリティ課題に対する要請・関心が大きく高まっていることを勘案し，収益機会にもつながるという観点も重視され，取締役会に積極的・能動的に取り組むことを要請している。

　【補充原則2-3①】で列挙されている課題の要素は例示であり，必ずしもこれらに限られるものではない。ただ，具体的な取組みの内容の多様性や各社に委ねるべき部分の大きさに配慮して，「取り組むべき」ではなく，「取り組むよう検討を深めるべき」との慎重な表現が用いられているのである。

⑵　サステナビリティ委員会の設置等

　こうした原則の考え方を敷衍し，【対話ガイドライン1-3】では，サステナビリティに関し，2つの点が挙げられている。第1に，ESGやSDGsに対する社会的要請・関心の高まりやデジタルトランスフォーメーションの進展，サイバーセキュリティ対応の必要性，サプライチェーン全体での公正・適正な取引や国際的な経済安全保障を巡る環境変化への対応の必要性等の事業を取り巻く環境の変化が，経営戦略・経営計画等において適切に反映されているかである（同ガイドライン第1文）。企業を取り巻く事業環境の重要な変化がいくつ

か例示されており，ESG要素のうち社会（S）の要素を具体化したものにもなっている。サプライチェーン（供給網。取引先等）全体での公正・適正な取引の必要性については，サプライチェーンにおける労働環境への配慮や，人権デュー・デリジェンス（人権侵害リスクの調査・予防等の対応）も念頭に置かれている。カーボンニュートラル（脱炭素社会）の実現へ向けた技術革新やデジタルトランスフォーメーション（DX）等を主導するに当たっては，最高技術責任者（CTO）の設置等の経営陣の体制整備も重要になりうる。

　第2に，例えば，取締役会の下または経営陣の側に，サステナビリティに関する委員会を設置するなど，サステナビリティに関する取組みを全社的に検討・推進するための枠組みを整備しているかである（対話ガイドライン1－3第2文）。ここでは，「サステナビリティに関する委員会の設置」が例示されている点も注目される。自社のサステナビリティ戦略は最終的には取締役会において決定されるべきであるが，サステナビリティ委員会を設置することにより，事業分野を横断するテーマを含めて集中的に検討し，より実効性の高い取組みにつなげていくことができると考えられているためである。

　必要に応じて多様なステークホルダーの視点を取り入れることも求められる。サステナビリティ委員会を，①取締役会の下に置くか，②経営陣の側に置くのかについては，企業に選択肢がある。実際に，欧米企業では，指名・報酬・監査の3つの委員会に次ぐ，第4の委員会として取締役会の下にサステナビリティ委員会を設置する例が多い。わが国でも設置する企業が徐々に増えており，社外取締役の関与等も注目されている。ESG委員会ともいわれる。

　また，スチュワードシップ・コードの【原則3】では，機関投資家がその企業の状況を的確に把握すべき内容の一例として，「事業におけるリスク・収益機会（社会・環境問題に関連するものを含む）」が明示的に挙げられており，そうした機関投資家との建設的な対話もあいまって各社によるサステナビリティ課題への取組みが促進されることも期待されている。なお，サステナビリティ課題への取組みに関する情報の開示については，次の第6章第2節③を参照（【補充原則3－1③】）。

＜ポイント：サステナビリティとマテリアリティ＞

　サステナビリティの課題の情報開示を巡る議論に際しては，マテリアリティという言葉がよく使われる。マテリアリティとは，重要性・重要課題・重要事項のことを指している。マテリアリティには，いくつかの分類がある。投資家向けの情報を重視する立場をシングル・マテリアリティと呼び，気候変動等のサステナビリティ関連の外部環境の変化が企業の業績や企業価値に重要な影響を与えるものに焦点を当てるものである（財務マテリアリティ）。

　それに加えて，投資家以外のステークホルダーに対する情報提供を重視する立場をダブル・マテリアリティといい，企業業績等に限定することなく，企業の活動が環境に与える影響も含めて考える（環境・社会マテリアリティ）。いずれを重視すべきかについては国際的に議論があり，企業の情報開示の在り方に大きな影響を及ぼしている。両者を柔軟に広く捉える，ダイナミック・マテリアリティという複合的な考え方も提唱されている。

② 中核人材等の多様性の確保

　上場会社においては，社内の「中核人材等の多様性（ダイバーシティ）」も重視される。ガバナンス・コードの【原則2-4. 女性の活躍促進を含む社内の多様性の確保】によれば，上場会社は，社内に異なる経験・技能・属性を反映した多様な視点や価値観が存在することは，会社の持続的な成長を確保するうえでの強みとなりうる，との認識に立ち，社内における女性の活躍促進を含む多様性の確保を推進すべきであるとされている。

　この原則を踏まえ，【補充原則2-4①】においては，上場会社は，女性・外国人・中途採用者の管理職への登用等，中核人材の登用等における多様性の確保についての考え方と自主的かつ測定可能な目標を示すとともに，その状況を開示すべきであるとされる（同補充原則第1文）。また，中長期的な企業価値の向上に向けた人材戦略の重要性に鑑み，多様性の確保に向けた人材育成方針と社内環境整備方針をその実施状況と併せて開示すべきであるとしている（同補充原則第2文）。

　なぜ「中核人材レベルでの多様性（ダイバーシティ）の確保」が重要なのであろうか。企業経営にとって多様性は，イノベーションや新しい価値創造の源

泉と位置付けられる。「多様性」は性別に限られず，各会社の状況に応じて，経歴・年齢・国籍・文化的背景等といった幅広い内容が含まれる。

それゆえに，取締役や経営陣の多様性の確保が求められているが（【原則4－11】，【補充原則4－11①】），それは取締役等を支える「企業の中核人材である管理職等の従業員レベル」でも同様になることから，本補充原則では，上場会社における中核人材の多様性の確保を促すための情報開示がベストプラクティスとして掲げられている。企業の持つ人材の価値を示す「人的資本」（人間の有する知識やスキル等を資本とみなしたもの）の情報開示ルールも広がっており，社員の教育・研修・福利厚生等が，投資家の投資判断材料としても重視される。

この点，ガバナンス報告書では，女性・外国人・中途採用者の管理職の登用等，多様性確保についての考え方と自主的かつ測定可能な目標，その状況の開示を求めている。具体的な開示事項と開示内容等は，①多様性の確保についての考え方，②多様性の確保の自主的かつ測定可能な目標，③多様性の確保の状況（現在の状況，目標に対する進捗状況等），④多様性の確保に向けた人材の育成方針，社内環境の整備に関する方針，その実施状況等である。

②の「測定可能な目標」については，特定の形式での開示は求められておらず，(1)特定の数値を用いて目標を示す方法のほか，(2)「程度」という表現やレンジ（範囲）を用いて示す方法，(3)現状の数値を示したうえで「現状を維持」「現状より増加させる」といった目標を示す方法が考えられる。必達目標として示すことが困難な場合，(4)努力目標として示す方法等も考えられうる。

「女性・外国人・中途採用者」のうち②の目標を示さない属性がある場合は，その旨と理由を①に記載することが考えられるほか，各社の判断により，多様性の主な要素・属性である「女性・外国人・中途採用者」以外に自社の状況を踏まえて重要と考える属性がある場合は他の要素を加え，当該属性の管理職等への登用に関する上記の情報の開示が望まれている。中途採用者の重視は，ジョブ型雇用の促進にもつながりうる（年功序列型ないし終身雇用型の見直し）。

第3節　内部通報制度や企業年金の運用

1　内部通報制度

図表5−3	内部通報制度への適切な対応

> 内部通報制度：従業員等が，社内の不正等を会社に通報
> 　↑↳リスク管理に必要な情報収集機能の強化
> 　取締役会→①体制整備の責務と②運用状況の監督

(1)　内部通報制度の意義

　企業のコンプライアンス（法令遵守等）の遵守に関しては，内部通報制度が重視される。ガバナンスの一環として，内部通報制度の整備は欠かせない。

　そこで，ガバナンス・コードの【原則2−5．内部通報】では，上場会社は，その従業員等が，不利益を被る危険を懸念することなく，違法または不適切な行為・情報開示に関する情報や真摯な疑念を伝えることができるよう，また，伝えられた情報や疑念が客観的に検証され適切に活用されるよう，内部通報に係る適切な体制整備を行うべきであるとされている（同原則第1文）。そして，取締役会は，こうした体制整備を実現する責務を負うとともに，その運用状況を監督すべきであるとしている（同原則第2文）。

　この原則によれば，内部通報制度に関し，①体制整備の責務と②運用状況の監督の両方の側面の対応が取締役会に求められる。内部通報が重視される理由はどこにあるのか。それは，第1に，内部通報の体制整備の実効性を高めることは，違法または不適切な行為・情報開示を早期に発見・是正することが可能になり，ステークホルダーの権利・利益を保護することにつながるという点にある。第2に，内部通報は会社にとって，リスク管理に必要な情報収集機能の強化になるという側面からも大きな意義を持つ。

(2) 内部通報の体制整備等

この原則を踏まえ，【補充原則2-5①】は，上場会社は，内部通報に係る体制整備の一環として，経営陣から独立した窓口の設置（例えば，社外取締役と監査役による合議体を窓口とする等）を行うべきであり，また，情報提供者の秘匿と不利益取扱の禁止に関する規律を整備すべきであるとしている。公正性・中立性の確保という観点から，「経営陣から独立した窓口の設置」がポイントになる。社外取締役の関与等が例として述べられているが，外部の法律事務所等を通報窓口にする会社も見られる。

これに関し，対話ガイドラインでも，内部通報制度の運用の実効性を確保するため，内部通報に係る体制・運用実績について開示・説明する際には，わかりやすいものとなっているかが挙げられている（対話ガイドライン3-12）。内部通報に関しては様々な問題が顕在化してきたため，公益通報者保護法等の動向を踏まえ，各会社においてその体制整備が徐々に定着しつつあるところである。特に①情報提供者の秘匿と②不利益取扱の禁止については，配慮を要する課題になる。内部通報制度は，内部統制システムの最後の砦（とりで）ともいわれる。なお，海外では，内部告発を促進し，不正情報を集めるため，内部告発者に対し，報奨金（企業に科した制裁金の一部等）を支払う制度を持つ国もある。

2 企業年金の積立金の運用

図表5-4 企業年金の役割・責務

企業年金→従業員（年金受給者・受益者）の安定的な資産形成
　　↑↪アセットオーナーとしての受託者責任
上場会社（母体企業）←適切な取組みの要請

(1) 企業年金の役割と課題

企業年金の運用状況は従業員，ひいては一般国民の利害に大きく関わる。そこで，その運用についても，会社のガバナンスの在り方が重要になる。

このため，ガバナンス・コードの【原則2-6．企業年金のアセットオーナー

としての機能発揮】によれば，上場会社は，企業年金の積立金の運用が，従業員の安定的な資産形成に加えて自らの財政状態にも影響を与えることを踏まえ，企業年金が運用（運用機関に対するモニタリングなどのスチュワードシップ活動を含む）の専門性を高めてアセットオーナーとして期待される機能を発揮できるよう，運用に当たる適切な資質を持った人材の計画的な登用・配置などの人事面や運営面における取組みを行うとともに，そうした取組みの内容を開示すべきであるとされている（同原則第1文）。その際，上場会社は，企業年金の受益者と会社との間に生じうる利益相反が適切に管理されるようにすべきであるとされる（同原則第2文）。

　「企業年金」の役割とは何であろうか。企業年金には，年金受給者の生活の安定と福祉の向上のために積立金を適切に管理・運用することが求められている。その際には，その役割として年金受給者のために受託者責任（スチュワードシップ責任）を的確に果たすことが必要になる。そこで，企業年金はアセットオーナーとして運用の専門性を高め，運用機関に対しスチュワードシップ活動の促進に向けた働きかけやモニタリング等に取り組んでいくことがきわめて重要である。とはいえ，アセットオーナーのなかでも企業年金は，そうした取組みを行っていくうえで体制が十分でないところが多いとも指摘されることから，本原則は，企業年金の運営を支える母体企業において人事面や運営面の取組みを求めている。なお，従業員持株会等は対象にしていない。

(2)　企業年金の人事面・運営面における取組み

　本原則の開示事項は，企業年金の運営を支える人事面・運営面における取組みに関するものである。具体的に開示すべき事項としては，①適切な資質を持った人材の企業年金の事務局や資産運用委員会等への配置，②人材の育成，③運用機関に対するモニタリングを行う際のサポート等の具体的な取組内容等が挙げられている。

　この原則は，基金型・規約型の確定給付年金および厚生年金基金を採用している会社に向けて定められたものである。企業年金制度を有していない場合はコンプライとして扱われ，開示事項の代わりにその旨を記載することになる。他方，確定拠出年金制度を採用している場合には，①運用機関・運用商品の選

70

定，②従業員に対する資産運用に関する教育の実施等の取組みを行い，その内容等について開示することが期待されている。

企業年金に関しては，対話ガイドラインでも，いくつかの点が重視されている。第1に，自社の企業年金が運用（運用機関に対するモニタリングなどのスチュワードシップ活動を含む）の専門性を高めてアセットオーナーとして期待される機能を発揮できるよう，母体企業として，運用に当たる適切な資質を持った人材の計画的な登用・配置（外部の専門家の採用も含む）などの人事面や運営面における取組みを行っているかである。

第2に，そうした取組みの内容がわかりやすく開示・説明されているかである（対話ガイドライン4－3－1）。スチュワードシップ・コードの受入れ表明を行う企業年金が少なくないこともあり，企業年金がアセットオーナーとしての機能を十分に発揮できていないとの懸念を踏まえている（SSコードについては，第12章第4節を参照）。

第3に，自社の企業年金の運用に当たり，企業年金に対して，自社の取引先との関係維持の観点から運用委託先を選定することを求めるなどにより，企業年金の適切な運用を妨げていないかどうかも検討課題になる（同4－3－2）。これは運用委託先の決定に際し，母体企業との取引関係を不当に優先する企業年金が存在するとの指摘等を受けて，利益相反についての適切な管理を重視するものである。

◆ 検討課題

(1) ステークホルダーと企業価値の向上について，説明しなさい。経営理念と行動準則の策定等はなぜ必要か。行動準則の遵守の確認はどうなるか。

(2) 社会・環境問題への対応として，どのようなことが求められているか検討しなさい。サステナビリティとはどのようなものか。ESG要素とは何か。管理職・中核人材レベルでの多様性（ダイバーシティ）の確保とは何か。

(3) 内部通報制度の意義と課題について，説明しなさい。また，企業年金の積立金の運用には，どのような課題があるか。ガバナンス・コードは企業年金に対し，何を求めているのであろうか。

第6章

適切な情報開示と透明性の確保

　この章では，上場会社の情報開示に関する基本原則等を学ぶ。上場会社には，財務情報や非財務情報を含め，様々な情報開示（ディスクロージャー）が求められている。そうした情報開示としてまずは，金融商品取引法や会社法等に基づく法定のものが重要になるが，ガバナンス・コードでは広く経営理念や経営戦略等のほか，リスクやガバナンスといった情報発信も求めている点に注意しなければならない。

　上場会社の情報開示に関しては，国際的な観点も含め，英文開示やサステナビリティの開示も重視される。財務情報等の開示の正確性については，外部会計監査人（公認会計士等）が大きな役割を担っているが，社内における監査役会や内部統制部門等との連携も重要性を増してきている。

【設　例】

　A会社は上場会社である。A会社には，法律に基づいて様々な情報の開示が求められている。証券取引所のルールによる要請もある。

　そうした上場会社の情報開示の在り方は，どのようにあるべきであろうか。株主との建設的な対話（エンゲージメント）を行う際には，どういった点を留意することが求められているのか。

第1節　情報開示の在り方と建設的な対話

図表6-1	情報開示の在り方と建設的な対話（基本原則3）

上場会社の情報開示 ┌ ①財務情報→財政状態・経営成績等
　　　　　↓　　　　└ ②非財務情報→リスクやガバナンス等
株主との建設的な対話の基盤→正確でわかりやすい有用性の高いものに

1　上場会社と情報開示の重要性

　上場会社にとって重要な情報の開示は基本的な責務である。会社法においても，決算の公告を中心として種々の情報開示が求められている。

　この点，ガバナンス・コードの【基本原則3】は，上場会社は，会社の財政状態・経営成績等の財務情報や，経営戦略・経営課題，リスクやガバナンスに係る情報等の非財務情報について，法令に基づく開示を適切に行うとともに，法令に基づく開示以外の情報提供にも主体的に取り組むべきであるとしている（第1文）。その際，取締役会は，開示・提供される情報が株主との間で建設的な対話（エンゲージメント）を行ううえでの基盤となることも踏まえ，そうした情報（とりわけ非財務情報）が，正確で利用者にとってわかりやすく，情報として有用性の高いものとなるようにすべきであるとする（第2文）。そして，【基本原則3】には，2つの原則と5つの補充原則が定められている。

　【基本原則3】が策定された背景にある「考え方」としては，次のような点が指摘される。上場会社には，様々な情報を開示することが求められており，これらの情報が法令に基づき適時適切に開示されることは，投資家保護や資本市場の信頼性確保の観点から不可欠の要請である。そして，取締役会・監査役・監査役会・外部会計監査人は，この点に関し，財務情報に係る内部統制体制の適切な整備をはじめとする重要な責務を負っている。また，上場会社は，法令に基づく開示以外の情報提供にも主体的に取り組むべきことが要請される。

　さらに，わが国の上場会社による情報開示は，財務書類の計表等については，

様式・作成要領などが詳細に定められており比較可能性に優れている一方で，会社の財政状態，経営戦略，リスク，ガバナンスや社会・環境問題に関する事項（いわゆる ESG 要素）などについて説明等を行ういわゆる非財務情報を巡っては，ひな型的な記述や具体性を欠く記述となっており付加価値に乏しい場合が少なくない，との指摘もある。そのため，取締役会はこうした情報を含め，開示・提供される情報が可能な限り利用者にとって有益な記載となるよう積極的に関与を行う必要がある。

　適切な情報の開示・提供は，法令に基づく開示でもそれ以外の場合であっても，上場会社の外部にいて情報の非対称性の下におかれている株主等のステークホルダーと認識を共有し，その理解を得るための有力な手段となりうるものである。さらに，スチュワードシップ・コードを踏まえた建設的な対話にも資することになる。スチュワードシップ・コードについては，第12章第4節を参照。

＜ポイント：企業の財務情報とその区分＞

　企業の決算情報ないし財務情報は投資者の投資判断においてきわめて重視され，情報開示の中心になる。株主にとっても，経営監督上重視される。

　決算書類は，金融商品取引法では財務諸表（F/S, Financial Statements），会社法では計算書類という。特に①貸借対照表，②損益計算書，③キャッシュ・フロー計算書が重視される。財務三表ともいわれる。①の貸借対照表（B/S, Balance Sheet）は，「資産・負債・資本金等の純資産等」の一覧表である。②の損益計算書 (P/L, Profit and Loss Statement) は，「収益・費用・利益等」を示す。

　③のキャッシュ・フロー計算書（C/F）は，営業収入等の営業活動，証券・資産等への投資活動，借入・株式発行等の財務活動，といった主に3つのキャッシュの流れを示すものである。この C/F により企業の手許の現金・余裕資金の状況がわかるため，実務上きわめて有用な資料になっている。ガバナンス・コードではこうした財務情報に加え，ガバナンス情報やリスク情報等の非財務情報についても，投資者・株主の目線からのわかりやすい開示が重視されている。

2　適時開示の重要性と適時開示体制の整備

公正な価格形成機能を担う資本市場においては，日々の上場会社等の重要な情報を投資者に開示する適時開示（タイムリー・ディスクロージャー）がきわめて重要な役割を担っている。企業の情報開示の生命線ともいわれ，東京証券取引所の TDnet 等により開示が行われている。適時開示の適正性を確保するためには，適時開示に係る社内体制（適時開示体制）の整備が重視され，その概要（模式図）はガバナンス報告書で開示することが必要になる。

ガバナンス報告書における上場会社のコーポレート・ガバナンス体制に関する具体的な記載についても，適時開示体制との関連が中心になる。適時開示業務を適時適切に執行する体制としては，「開示担当組織（組織名・人員数・責任者・規程等）」の整備が求められている。また，適時開示手続は，①情報収集プロセス，②分析・判断プロセス，③公表プロセスに区分して説明しなければならない。適時開示体制の整備に関しては，経営者の姿勢・方針の明示等のほか，独立した内部監査部門や監査役等によるモニタリングも重視される。

第2節　情報開示の充実と主体的な情報発信

1　経営理念や経営戦略等の情報開示

(1)　経営理念等の情報開示の意義

上場会社には，こうした情報開示のほか，様々な情報開示の「充実」も求められるようになっている。法定の開示以外にも，株主との建設的な対話等の際には，経営理念や経営戦略・経営計画等の主体的な情報発信も重要である。

そこで，ガバナンス・コードの【原則3－1．情報開示の充実】によれば，上場会社は，法令に基づく開示を適切に行うことに加え，会社の意思決定の透明性・公正性を確保し，実効的なコーポレートガバナンスを実現するとの観点から（本コードの各原則において開示を求めている事項のほか），以下の事項について開示し，主体的な情報発信を行うべきであるとされている。そうした開示事項は，（ⅰ）会社の目指すところ（経営理念等）や経営戦略，経営計画，（ⅱ）

本コードのそれぞれの原則を踏まえた，コーポレートガバナンスに関する基本的な考え方と基本方針，（iii）取締役会が経営陣幹部・取締役の報酬を決定するに当たっての方針と手続，（iv）取締役会が経営陣幹部の選解任と取締役・監査役候補の指名を行うに当たっての方針と手続，（v）取締役会が上記（iv）を踏まえて経営陣幹部の選解任と取締役・監査役候補の指名を行う際の，個々の選解任・指名についての説明，である。

　こうした原則に従って，3つの補充原則も示されている。第1に，【補充原則3－1①】は，上記の情報の開示（法令に基づく開示を含む）に当たって，取締役会は，ひな型的な記述や具体性を欠く記述を避け，利用者にとって付加価値の高い記載となるようにすべきであるとする。

　【原則3－1】の趣旨は，会社の意思決定の透明性・公正性を確保し，実効的なガバナンスを実現するために必要と考えられる事項について，上場会社に対し主体的な情報発信を求めるところにある。法令に基づく情報開示は通常，結果的に記載したことが虚偽となってしまうこと等といった「書くこと」のリスクが意識されることが多いが，ガバナンス・コードはむしろ「書かざること」のリスクとして，十分な情報提供を行わないこと等によるマーケット・リスクの認識を上場会社に対して要請する。そうした趣旨を踏まえて，上場会社には以下のような開示が求められており，ガバナンス報告書に記載されている。

⑵　具体的に求められる開示内容等

　これらの開示内容とガバナンス報告書における開示内容は，どのようになっているのであろうか。まず，（i）の経営理念・経営計画等の開示内容等には，①会社の価値観や事業活動の大きな方向性を定めた経営理念，②それに基づき策定された中長期的な企業価値の向上を図っていくための経営戦略や経営計画が挙げられている。前述したように経営理念は，具体的な経営戦略・経営計画や会社の様々な活動の基本となる重要な情報として位置付けられている。

　ここでいう「経営理念等」についてはその名称を問わず，社訓や社是といった名称のものも含まれうる。また，経営戦略や経営計画は両者を実質的に一体化したものとして策定されている場合も考えられる。実際の記載事例では，多くの会社が既に自社のホームページ等で開示しており，そのURL等を記載し

ているが，その概要を記載している会社や事業報告等の記載を参照先にしている会社もある。なお，金融商品取引法上の有価証券報告書等の法定の開示書類においても，記述情報の充実のための取組みとして経営方針，経営環境および対処すべき課題等の記載が求められるようになっている（同法24条1項，企業内容等の開示に関する内閣府令第2号様式記載上の注意（30）等）。

次に，（ⅱ）のコーポレートガバナンスに関する基本的な考え方と基本方針の開示内容等は，①コーポレートガバナンスに関する総論的な考え方，②各原則に対する対応方針になる。これは海外でコーポレートガバナンス・ガイドラインとも呼ばれるものに相当し，各上場会社のコーポレートガバナンスに対する姿勢が端的に集約されるものとして，特に投資家による関心度が高い項目のひとつである。総論的な考え方とともに，個々の原則に対する大まかな対応方針を開示することが求められている。各原則をある程度大まかにグループ分けしたうえで記載を行うことや，各上場会社が重要と考える原則に絞って記載を行うことになる。実際の記載内容としては，会社の持続的な成長と中長期的な企業価値の向上や，透明性，ステークホルダー等に言及する会社が多い。

（ⅲ）の取締役会が経営陣幹部等の報酬を決定するに当たっての方針と手続の開示内容等は，①報酬に関する基本的な考え方（決定方針，報酬の水準・構成，業績連動報酬の内容等），②決定に係るプロセス等である。指名委員会等設置会社では，（ⅲ）の取締役会は報酬委員会に，（ⅳ）と（ⅴ）の取締役会は「取締役会または指名委員会」にそれぞれ読み替えられる（経営陣幹部の選解任は取締役会が決定することもありうる）。

この点，会社法上，役員報酬の透明性・健全性を確保する観点から，指名委員会等設置会社には報酬委員会による執行役等の個人別の報酬の決定に関する方針を定めることが義務付けられている（同法409条1項）。さらに令和元年の会社法改正では，上場会社等（大会社で公開会社であって有価証券報告書の提出会社）である監査役会設置会社・監査等委員会設置会社に対し，原則として取締役の個人別の報酬等の決定方針の決定が求められている（同法361条7項）。

実際の役員報酬の基本方針等の記載内容については，ガバナンス報告書の他の事項に記載する会社のほか，有価証券報告書で既に開示している会社はその内容を踏まえている。役員報酬の決定の方針は，固定報酬（基本報酬）と賞与，

業績連動報酬等の区分が見られ，その決定の手続としては，株主総会に触れる会社が一般的であり，報酬委員会等に言及する会社もある。決定方針の記載は増えているが，ほとんどの会社は役員の個別報酬の開示はしていない。

（ⅳ）は経営陣幹部の選解任と取締役・監査役候補の指名についての「方針と手続」である。その開示内容等は，①選解任に関する基本的な考え方（基本方針，考慮要素等），②決定に係るプロセス等になる。これは株主等のステークホルダーへの説明責任を果たす観点から，一般的な方針と手続をあらかじめ定めておき，その開示を求める趣旨による。

実際の選任の方針としては，経験，能力，知識，見識，人格，職責に対する理解，職務に充てられる時間等といった個人の資質を挙げる会社が多く，財務・会計・法律等の候補者の専門性に触れる例もある。一方，解任の方針については，重大な法令違反や定款違反，公序良俗に反する行為，健康上の理由等が一般的に挙げられ，一部で業績不振等の実質的な解任理由を記載する会社も見られる。選解任の手続では多くの会社が，株主総会で決議するために取締役会で決定している旨を記載しており，社外取締役等の意見・助言の尊重や任意の指名委員会の関与等に言及している会社もある。

（ⅴ）の個々の選解任・指名についての説明の開示内容等は，①当該選解任・指名を行う理由，②期待する役割等になる。（ⅳ）に基づき開示された方針・手続によって，実際にどのように選任・指名が行われたのかという点の説明を求めている。この項目については，株主総会参考書類等において取締役候補者の指名理由等を開示しているとの記載が多い（会社法施行規則74条等を参照）。

◁ ポイント：ガバナンス・コードと開示原則 ▷

ガバナンス・コードのなかには，『開示原則』といわれるものがある。開示原則はガバナンス報告書等により対外的な情報開示が要請されるため，重要性が大きい。『特定の事項の開示を求める原則』であり，原則を実施するに際し，特定の事項を開示しなければならない。具体的には，次の14の原則になる。

それは，①政策保有株式（原則１−４），②関連当事者間の取引（原則１−７），③中核人材の登用等における多様性の確保（補充原則２−４①），④企業年金のアセットオーナーとしての機能発揮（原則２−６），⑤情報開示の充実（原則３

－1。経営理念等），⑥サステナビリティについての取組み（補充原則３－１③），⑦経営陣に対する委任の範囲（補充原則４－１①），⑧独立社外取締役の独立性判断基準および資質（原則４－９），⑨指名委員会・報酬委員会の権限・役割等（補充原則４－10①），⑩取締役会の多様性に関する考え方等（補充原則４－11①），⑪取締役・監査役の兼任状況（補充原則４－11②），⑫取締役会の実効性評価（補充原則４－11③），⑬取締役・監査役に対するトレーニングの方針（補充原則４－14②），⑭株主との建設的な対話に関する方針（原則５－１），である。なお，⑥と⑨はプライム市場上場会社向けの開示原則になる。

2　英語による情報開示

(1)　英文開示の促進

　第２に，英文開示についてである。【補充原則３－１②】は，上場会社は，自社の株主における海外投資家等の比率も踏まえ，合理的な範囲において，英語での情報の開示・提供を進めるべきであるとしている（同補充原則前段）。特に，プライム市場上場会社は，開示書類のうち必要とされる情報について，英語での開示・提供を行うべきであるとされる（同補充原則後段）。

　英文開示については，国際的に非英語圏諸国において英文開示を義務付ける動き等があることを踏まえ，上場会社に対し合理的な範囲において提供を求めている。ただ，プライム市場は国内のみならず，国際的にも魅力あふれる市場になることが期待されていることから，プライム市場上場会社には「必要とされる情報」に関する英文開示へのより積極的な取組みが要請されている。

(2)　英文開示の範囲等

　英文開示の範囲はどのように考えられるのであろうか。「開示書類のうち必要とされる情報」の範囲については，機関投資家との対話の結果等を踏まえ，各社が適切に判断することになる。この点，東京証券取引所が行った「英文開示に関する海外投資家アンケート」では，英文開示を必要とする資料について，決算短信，IR説明会の資料，適時開示資料等といった法定の開示資料以外のものが多く挙げられており，有価証券報告書等の法定の開示資料の英文開示を求める意見も見られる。特に株主総会の招集通知の英訳は急務になっている。

　英語での情報開示について会社法には規定はないものの，金融商品取引法においては有価証券報告書等について一定の条件により任意の開示が認められている（同法24条8項等。資本市場の共通ルールとして英語に限定）。ソフトローであるガバナンス・コードでは，各上場会社による英語での情報開示・提供について，各会社の実情を踏まえた合理的な対応が期待されている。英文開示については，海外の投資家が少ないことや作成コストの問題等から，実施せずにエクスプレイン（説明）としている会社も見られる。

⟨ **ポイント：様々な企業情報の開示書類** ⟩

　上場会社の情報発信には，様々なものがある。法定の開示書類としては，金融商品取引法の有価証券報告書や臨時報告書等に加え，会社法の事業報告・株主総会参考書類等が重要になる。近時では，有価証券報告書と事業報告等（計算書類を含む）の一体的開示も進められている。

　それに対し，法律上のもの以外に，会社がホームページ等で公表している情報開示文書も多様性を増している。決算説明会・IR説明会の資料のほか，アニュアルレポート，統合報告書，CSR報告書，サステナビリティ報告書等もある。ガバナンス・コードを含め，証券取引所のルールが要請しているものもあれば，国内・国外の動向を踏まえ，会社が自主的に作成している文書も見られる。企業は社会的な存在であり，法律の側面以外にも，社会の要請に応じて様々な情報発信が求められていることが会社のホームページ等を見るとよくわかる。

---

③　サステナビリティについての取組みの開示

(1)　サステナビリティ開示の意義と趣旨

　第3は，サステナビリティ開示である。【補充原則3−1③】の前段の第1文は，上場会社は，経営戦略の開示に当たって，自社のサステナビリティについての取組みを適切に開示すべきであるとしている。また，人的資本や知的財産への投資等についても，自社の経営戦略・経営課題との整合性を意識しつつわかりやすく具体的に情報を開示・提供すべきことが求められている（同補充原則前段第2文）。

　特に，プライム市場上場会社は，気候変動に係るリスクおよび収益機会が自

社の事業活動や収益等に与える影響について，必要なデータの収集と分析を行い，国際的に確立された開示の枠組みである気候関連財務情報開示タスクフォース（TCFD）またはそれと同等の枠組みに基づく開示の質と量の充実を進めるべきであるとされている（同補充原則後段）。

　気候変動リスクの認識の高まりとともに，前述のようにサステナビリティの課題には，ここ数年世界的に注目が集まっている。ガバナンス・コードにおいてサステナビリティとは，ESG要素を含む中長期的な持続可能性と定義されているが，なぜサステナビリティに関する開示が求められているのであろうか。サステナビリティを巡る課題への対応は，リスクの減少のみならず収益機会にもつながるとされ，重要な経営課題として認識し，積極的・能動的に取り組むよう検討を深めるべきとされている（【補充原則2－3①】）。そこで，上場会社と投資家との間のサステナビリティに関する建設的な対話を促進する観点から，その開示が求められるのである。特にプライム市場上場会社には，喫緊の課題と考えられる気候変動に関し，リスクおよび収益機会が自社に与える影響について，形式的ではなく実効的に着実に取組みを進めることが重要であると考えられることから，開示の質と量の充実を進めるべきとされている。

　他方，知的財産への投資等については，「知財・無形資産の投資・活用戦略の開示およびガバナンスに関するガイドライン」も公表されている（内閣府と経済産業省。令和4年）。取締役会による知財投資等の監督が必要になる（【補充原則4－2②】）。

(2)　気候関連財務情報開示タスクフォース（TCFD）と情報開示

　サステナビリティの情報開示においては，国内外の投資家との対話が求められるため，国際的なTCFD（気候関連財務情報開示タスクフォース）の基準も重視されている。気候変動への対応には国際的に種々の議論があり，企業等による気候変動リスク関連の財務情報の情報開示を巡っては，行政上の規制を含め，活発な動きが見られる。そこでは，温暖化ガスの排出量の削減・脱炭素や気候変動に伴う損失等といった情報開示が促進されている。自然災害等が増え，投資家もそうした企業の備えや対応に強い関心を持っている。

　現在のところ，国際財務報告基準（IFRS, International Financial Reporting

Standards）の設定主体である IFRS 財団が TCFD の枠組みに拠りつつ，気候変動を含むサステナビリティに関する統一的な開示の枠組みの策定を進めている。今後そのような基準が TCFD 提言と「同等の枠組み」に該当しうる。気候変動に対応する取締役会の体制，気温上昇や規制強化が会社の財務に与える影響のほか，温暖化ガスの排出削減に向けた計画（脱炭素リスク）等がそうした基準による情報開示の内容等に含まれうる。

(3)　サステナビリティに関する具体的な開示内容等

　サステナビリティに関するガバナンス報告書の開示事項と開示内容等は以下のようになる。①自社のサステナビリティの取組みについては，企業価値向上の観点からの取組みの内容，②人的資本や知的財産への投資等は人的資本等の無形資産（Intangible assets）に関する投資やその評価，③プライム市場上場会社における TCFD またはそれと同等の取組みに基づく開示に関しては，TCFD 提言の項目ごとの開示の有無（ガバナンス・戦略・リスク管理・指標と目標）や，「シナリオ分析（例えば，気温が数％変化した場合の損失の発生額等の経営への影響）」を行っている場合にはその旨等が挙げられている。

　このうち，①の開示の際には，開示において参照した取組み等があるときは，その名称について記載することが望まれている。もっとも，この開示について特定の形式での開示は求められてはおらず，どういった形式で取組みを示すのかについては各社の合理的な判断に委ねられている。例えば，サステナビリティについての考え方，自主的かつ測定可能な目標および当該目標の達成状況を，自社の経営戦略と関連付けて示すといった方法がありうる（【補充原則2－4①】の開示と同様）。②の人的資本や知的財産への投資等に関する各企業の情報開示がコンプライとなるか否かについては一概に判断できないため，証券取引所がコードの趣旨を踏まえて対応することになる。国際標準化機構（ISO）の人的資本の情報開示のガイドライン（ISO30414）も参考となりうる。

　③の TCFD 等の取組みについては，当該取組みにおける項目をすべて開示しなくても，自社に必要と考えられる項目から順次開示の取組みを進めることも認められる。TCFD 提言の項目ごとの開示では，各項目で推奨される開示内容を踏まえ気候関連リスクと収益機会の考え方に基づく具体的な説明を示す

ことや，シナリオ分析の開示に当たっては重要なシナリオの前提条件を含めたものを示すことが望まれている。シナリオ分析の内容の開示については，他の開示場所（自社のウェブサイトやアニュアルレポート等）を参照すべき旨，およびその閲覧方法を記載する方法も考えられる。

第3節　外部会計監査人との関係

1　会計監査人の意義と責務

　上場会社の財務情報の情報開示の際には，会計監査人による監査が不可欠である。会社法では，大会社に会計監査人による監査が義務付けられており，株主総会で選任される（同法328条以下）。会計監査人とは，会計の専門家である公認会計士または監査法人をいい，会社からの独立性が求められ，利害関係者等は排除される（会社法337条以下）。会計監査人は会社の計算書類等を監査し，会計監査報告を作成する（同法396条以下等）。また，金融商品取引法においても上場会社等が提出する財務計算書類や内部統制報告書については，特別の利害関係のない公認会計士等による監査証明が必要になる（同法193条の2等）。

　こうした会社法や金融商品取引法の規定を踏まえ，ガバナンス・コードの【原則3−2．外部会計監査人】は，外部会計監査人および上場会社は，外部会計監査人が株主・投資家に対して責務を負っていることを認識し，適正な監査の確保に向けて適切な対応を行うべきであるとしている。会計監査人の独立性を高めるため，「外部会計監査人」と呼んでいる。会計監査の実務では，独立監査人ともいわれる。【原則3−2】は，外部会計監査人が監査等を通じて，上場会社が開示する情報の信頼性を担保する存在として開示情報の利用者である株主・投資家に対する責務を負っていることを確認するものである。上場会社が同原則の名宛人として挙げられているのは，上場会社に対しても外部会計監査人の責務についての認識を深め，実効的な対応を行うことが期待されている趣旨による。

┌─ **会社法の関連テーマ：会計監査人の役割と権限等** ──────────┐

　会社法において会計監査報告には，無限定適正意見・限定付適正意見・不適正意見といった監査意見が記載される（会社計算規則126条。意見不表明もある）。会計監査人は，会計監査をするための会計帳簿の閲覧権・取締役等からの報告聴取権・会社の業務および財産状況の調査権等を有する（会社法396条２項以下）。会計監査人の監査は，取締役の不正行為等のチェック機能も持つ（同法397条）。

　近時，不正会計事件や粉飾決算等の問題の発生を受けて，会計監査の充実が図られており，会計監査人による監査意見の理由の開示（不適正意見等の場合）等といった監査報告書の記載の実質的な充実が促進されている。また，監査法人のローテーション制度（公認会計士法24条の３や公認会計士協会の自主ルール）等といった馴合い防止ないし独立性の強化に関する規制も進められている。

　ガバナンス上の主要な課題のひとつとして，上場会社の会計監査の在り方や監査法人の独立性の確保等を巡っては多くの議論がある。ガバナンス・コードでは，こうした会計監査の充実が意図されている。

└──────────────────────────────────┘

② 監査役会等による対応

　【原則３－２．外部会計監査人】に関しては，２つの補充原則が挙げられている。適正な監査を確保する趣旨による。

　第１に，【補充原則３－２①】は，監査役会は，少なくとも下記の対応を行うべきであるとする。すなわち，（ⅰ）外部会計監査人候補を適切に選定し外部会計監査人を適切に評価するための基準の策定，（ⅱ）外部会計監査人に求められる独立性と専門性を有しているか否かについての確認，である。選定・評価の基準の策定と独立性・専門性の確認になる。

　このうち，（ⅰ）は，会社法上，株主総会に提出される会計監査人の選任・解任・不再任に関する議案の内容は，①監査役（会）設置会社においては監査役（会），②監査等委員会設置会社では監査等委員会，③指名委員会等設置会社では監査委員会がそれぞれ決定するとされていることを踏まえて（同法344条，399条の２第３項２号，404条２項２号），外部会計監査人の選解任のプロセスに客観性を求めている。会社法においては，事業報告で「会計監査人の解任または不再任の決定の方針」の開示が必要とされており（同法施行規則126条４号。公開会社の場合），そうした方針は本補充原則に基づいて策定される基準の一部

を構成することになりうる。

　（ⅱ）の確認方法等については，各上場会社が本補充原則の趣旨に鑑みて合理的と考える方法を採用することになる。多くの上場会社は監査役会設置会社であるため，ここでは監査役会とされているが，監査役会設置会社以外の上場会社については，自らの機関設計に応じて所要の読替えを行ったうえで対応をすることが求められる。この点，ガバナンス報告書では，会計監査の状況として，監査法人の名称，継続監査期間，業務を執行した公認会計士の氏名，監査業務に係る補助者構成等が記載されている。また，金融商品取引法上の有価証券報告書等においても同様の情報開示が求められている（同法24条１項等。監査公認会計士等の選定の方針や報酬決定の方針の概要等の情報を含む）。

３ 取締役会と監査役会による対応

　第２に，【補充原則３−２②】は，取締役会および監査役会は，少なくとも下記の対応を行うべきであるとしている。具体的には，４つの点が問題になる。（ⅰ）高品質な監査を可能とする十分な監査時間の確保，（ⅱ）外部会計監査人からCEO・CFO（最高財務責任者）等の経営陣幹部へのアクセス（面談等）の確保，（ⅲ）外部会計監査人と監査役（監査役会への出席を含む），内部監査部門や社外取締役との十分な連携の確保，（ⅳ）外部会計監査人が不正を発見し適切な対応を求めた場合や，不備・問題点を指摘した場合の会社側の対応体制の確立，である。

　このうち，（ⅰ）は，開示情報の信頼性や監査の品質を確保する観点から，必要十分な監査時間の確保を重視している。（ⅱ）はCEO（社長等）等のシニアレベルの責任者との直接的なコミュニケーションを確保するため，あえて取締役会や監査役会に対し実現の担保を求めるものである。（ⅲ）が重視されるのは，社内の問題を早期に発見し，適正な監査を確保するには，いわゆる「三様監査（監査役監査・会計監査人監査・内部監査）」の連携を含む，外部会計監査人と社内の関係機関や関係部署との連携が不可欠になるためである。

　最後の（ⅳ）は，取締役会等に対し，会計監査人が不正を発見した際等の対応体制の確立を求めている。この点，会社法では会計監査人が取締役の不正等を発見したときは監査役等への報告義務を課しており（同法397条），金融商品

取引法においても上場会社の公認会計士等が監査証明を行う際，法令に違反する事実等を確認した場合，その内容や是正措置をその会社に通知することなどが義務付けられている（同法193条の3第1項以下等）。ガバナンス・コードでは，それらの法定の場合のみならず，もう少し広く「不備・問題点」が指摘された後の上場会社の対応体制の整備も含まれていることがポイントになる。

　この点，対話ガイドラインでは，監査役は，業務監査を適切に行うとともに，「監査上の主要な検討事項（KAM，Key Audit Matters）」の検討プロセスにおける外部会計監査人との協議を含め，適正な会計監査の確保に向けた実効的な対応を行っているかが挙げられている（対話ガイドライン3-11）。KAMは金融商品取引法上，上場会社等に対し，会計監査人による監査報告書に記載が原則として求められており（監査証明府令4条1項等），監査報告書の充実・監査プロセスの透明化を図るものとして注目度が高い。実際のKAMの内容としては，関係会社株式の評価や繰延税金資産の回収可能性等が見られる。

◆　検討課題

(1)　情報開示の在り方と建設的な対話（基本原則3）とはどのようなものか。企業の財務情報と非財務情報（経営戦略やリスク等）の区分について，論じなさい。財務諸表（決算書類）の意義とその内容はどうなっているか。

(2)　上場会社に求められる情報開示の充実として，どのような情報が求められているのか説明しなさい。経営理念や経営戦略等の情報開示はどうなっているか。ガバナンス・コードにおける「開示原則」とはどのようなものか。

(3)　英文開示の意義はどこにあるか。上場会社の様々な情報開示書類には，どのようなものがあるか。サステナビリティについての取組みの開示や，気候関連の財務情報の開示について，説明しなさい。

(4)　外部会計監査人の意義と責務について，検討しなさい。外部会計監査人に関し，取締役会と監査役会の対応としては，どのようなことが求められているのであろうか。会計監査人の権限等は，会社法と金融商品取引法ではどのように規定されているのか。三様監査やKAMとは何か。

第7章

取締役会の役割と責務

　この章では，取締役会等の役割と責務の全体像について学習する。取締役会は会社経営ないし監督体制の中心であり，企業戦略や経営計画の提示などその役割と責務は大きいものがある。取締役会には，ガバナンス・コードによりどのような役割・責務が求められているのであろうか。経営に対する監督の一部は監査役等も担っており，役割分担も問題である。

　取締役会の役割等を考えるうえでは，上場会社の機関設計による違いが重要なポイントになる。そのため，取締役会の権限等を定めるガバナンスの基本法である，会社法との関係も合わせて理解する必要がある。

【設　例】

　上場会社であるＡ会社の経営は，取締役会が中心に担っている。Ａ会社の取締役会は12名から構成され，毎月定期的に行われている。同社の経営戦略や経営計画等が，活発に議論されることになる。

　Ａ会社の取締役会の議長は，代表取締役社長が務めている。取締役会には，会社のガバナンスにおいてどのような役割や責務があるのか。社長等の後継者計画や経営陣の報酬制度の設計は，どのように行われるべきであろうか。

第1節　取締役会の位置付けとその意思決定過程等

1　経営の中枢としての取締役会

(1)　取締役会の3つの役割・責務

図表7−1	取締役会等の責務（基本原則4）

```
取締役会 ──①企業戦略等の大きな方向性の提示
        ─②経営陣幹部の適切なリスクテイク←環境整備
        ─③経営陣・取締役        ←実効性の高い監督
  会社の持続的成長と企業価値の向上の促進・収益力や資本効率等の改善
```

　取締役会（board of directors，単にボードともいわれる）は経営の中枢である。そこで，ガバナンス・コードの【基本原則4．取締役会等の責務】は，上場会社の取締役会は，株主に対する受託者責任・説明責任を踏まえ，会社の持続的成長と中長期的な企業価値の向上を促し，収益力・資本効率等の改善を図るべく，(1)企業戦略等の大きな方向性を示すこと，(2)経営陣幹部による適切なリスクテイクを支える環境整備を行うこと，(3)独立した客観的な立場から，経営陣（執行役およびいわゆる執行役員を含む）・取締役に対する実効性の高い監督を行うこと，をはじめとする役割・責務を適切に果たすべきであるとする（同基本原則前段）。

　また，こうした役割・責務は，監査役会設置会社（その役割・責務の一部は監査役および監査役会が担うこととなる），指名委員会等設置会社，監査等委員会設置会社など，いずれの機関設計を採用する場合にも，等しく適切に果たされるべきであるとされている（同基本原則後段）。

　ここで【基本原則4】の導入の部分で強調されている，(1)から(3)の3つの役割・責務はこの後の原則の総論的なものないし前置きになっている。そのため，この3つの点はそれぞれ，続く【原則4−1】，【原則4−2】，【原則4−3】に敷衍され，取締役会に期待される内容を明確にしたうえで，その後の関連する原則や補充原則においてそれらを適切に果たすために実施すべきと考えられ

る諸原則が具体的に提示されるという流れになっている。【基本原則４】には，14の原則と23の補充原則が定められており，ガバナンス・コードのなかでも最も多くの原則がある。

会社法の関連テーマ：取締役会の意義と役割

　取締役会は，すべての取締役で組織する会議体である（会社法362条１項）。公開会社等では，取締役会の設置が義務付けられており（同法327条１項），上場会社ではその存在が前提になる。取締役会の権限は，①重要な業務執行の決定，②取締役の職務の執行の監督，③代表取締役の選定と解職になる（同法362条４項等）。重要な財産の処分や内部統制システムの整備の決定等を決定するほか，経営トップである代表取締役の選定等の権限を有する。

　これは現在多くの会社が採用する監査役会設置会社の場合であるが，２つの委員会型の会社では経営の監督に比重が移り，かなり権限が異なっている。第１に，監査等委員会設置会社の取締役会は，経営の基本方針の決定等の職務を行う（会社法399条の13）。第２に，指名委員会等設置会社の取締役会は，経営の基本方針の決定等のほか，３つの委員会の委員と代表執行役の選定・解職をする権限を有している（同法416条１項等）。いずれも一定の条件等の下で，業務執行の権限をより多く代表取締役等に委譲することが可能である。ガバナンス・コードによれば，取締役会が取り組むべき課題が増えている。上場会社においては重要な情報開示書類である有価証券報告書等の内容も，取締役会で検討すべきであろう。

---

(2)　３つの主要な機関設計と機関の機能の発揮

　【基本原則４】の「考え方」は次のようなものである。主に機関設計の部分と会社の意思決定の部分（次の項目）に分かれる。まず，上場会社は，通常，会社法が規定する機関設計のうち主要な３つの種類（①監査役会設置会社，②指名委員会等設置会社，③監査等委員会設置会社）のいずれかを選択することとされている。

　このうち，①の監査役会設置会社は，取締役会と監査役・監査役会に統治機能を担わせるわが国独自の制度である。その制度では，監査役は，取締役・経営陣等の職務執行の監査を行うこととされており，法律に基づく調査権限が付与されている。また，独立性と高度な情報収集能力の双方を確保すべく，監査

役（株主総会で選任）の半数以上は社外監査役とし，かつ常勤の監査役を置くこととされている。

　これに対し，②と③の２つの委員会型の機関設計は，取締役会に委員会を設置して一定の役割を担わせることにより監督機能（モニタリング）の強化を目指すものであるという点において，諸外国にも類例が見られる制度である。そして，「考え方」によれば，上記の３種類の機関設計のいずれを採用する場合でも，重要なことは，創意工夫を施すことによりそれぞれの機関の機能を実質的かつ十分に発揮させることになる。

┌─〈 ポイント：取締役会の役割と機能 〉─────────────────┐
　取締役会は実際に経営トップとの関係で，どのような役割や機能を持つべきであろうか。コーポレート・ガバナンス・システムに関する実務指針（CGSガイドライン）では，取締役会の役割・機能について，①社長・CEOに権限を集中させるかという観点（トップダウン型・相互監視型），②取締役会で個別の意思決定まで行うかという観点（個別意思決定型・監督型）という２つの軸から，各社の現状を４つの象限に整理している。

　最近の調査では，個別意思決定型から監督型へ，トップダウン型よりも相互監視型へという機能的な変化が見られるようである。取締役会が取り組むべき課題は多いが，その役割としては監督機能の強化が重視されるようになっている。
└────────────────────────────────────┘

② 取締役会の意思決定過程の合理性の担保

図表７−２	上場会社の意思決定と決定過程の合理性

┌────────────────────────────────────┐
　上場会社←透明・公正かつ迅速・果断な意思決定の促進
　　　↑ガバナンス・コードが寄与
　経営陣・取締役の意思決定過程の合理性の担保
└────────────────────────────────────┘

　次に，ガバナンス・コードの【基本原則４】においては，以下のような「考え方」が挙げられている点も重要である。ガバナンス・コードを策定する大きな目的のひとつは，上場会社による透明・公正かつ迅速・果断な意思決定を促

すことにあるとされているが，上場会社の意思決定のうちには，外部環境の変化その他の事情により，結果として会社に損害を生じさせることとなるものがないとは言い切れない。

　その場合，経営陣・取締役が損害賠償責任を負うか否かの判断に際しては，一般的に，その意思決定の時点における意思決定過程の合理性が重要な考慮要素のひとつとなるものと考えられるが，ガバナンス・コードには，ここでいう意思決定過程の合理性を担保することに寄与すると考えられる内容が含まれており，同コードの策定の際には，上場会社の透明・公正かつ迅速・果断な意思決定を促す効果を持つこととなるものと期待されている。今後，ガバナンス・コードの趣旨・精神に沿った対応がどの程度とられていたかが，裁判等で争点になることもあるかもしれない。

　【基本原則4】の「考え方」においては，上場会社による意思決定について，①透明性・公正性のみならず，②「迅速・果断な意思決定」が重視されているところに特徴があるが，それゆえに経営陣・取締役の責任との関係も問われうるため，ガバナンス・コードの持つ効果も考慮されているのである。その意味で，こうした考え方は会社法上の経営判断原則と連動する側面があると見ることもできる。なお，「考え方」の最後では，支配株主は，会社および株主共同の利益を尊重し，少数株主を不公正に取り扱ってはならないのであって，支配株主を有する上場会社には，少数株主の利益を保護するためのガバナンス体制の整備が求められるとしている（グループ経営を扱う第13章第2節を参照）。

会社法の関連テーマ：役員等の責任と「経営判断原則」

　役員等に対する責任追及訴訟が増えており，会社法では株主代表訴訟（同法847条）が中心となる。株主代表訴訟においては，役員の善管注意義務違反等の任務懈怠責任（同法330条，423条1項）が問題となることが多い。平成12年の大和銀行ニューヨーク支店株主代表訴訟事件における巨額の損害賠償命令のほか（大阪地判平12・9・20判時1721号3頁が約800億円の賠償命令。株主が外国支店での不正取引に関する役員の監督責任等を追及），オリンパスの不正会計事件でも約600億円の損害賠償を命じた判例が出されている（東京高判令1・5・16資料版商事425号31頁）。

　その一方で，経営判断原則（Business Judgement Rule）も認められるよ

うになっている。経営判断原則とは，主に善管注意義務違反に関し経営者に一定の裁量を許容して，その免責を認めるものである。アメリカの判例法上発展してきたものであり，明文の規定はないが，責任追及訴訟が増えるなかで，判例法理として定着しつつある。その審査基準は，2つの段階からなる。それは，「①判断の前提となった事実の認識について特に不注意な誤りがあったか（調査・検討の十分さ）」と，「②意思決定の過程・内容が会社経営者として著しく不合理なものであったか（専門家の意見の聴取等）」という2つの段階である（最判平22・7・15判時2091号90頁等）。

　ただ，経営判断原則は，故意の法令違反や忠実義務違反には適用されないと考えられている。なお，令和元年の会社法改正では，会社補償制度や役員賠償保険（D&O保険）制度も導入されており，役員等の適切な責任の在り方を巡ってはその活用も今後の課題になる（同法430条の2以下等）。

第2節　経営戦略や経営計画の検討等

1　経営理念等の確立

　取締役会における経営戦略等の取扱いはどうなるのであろうか。ガバナンス・コードの【原則4－1．取締役会の役割・責務(1)】によれば，取締役会は，会社の目指すところ（経営理念等）を確立し，戦略的な方向付けを行うことを主要な役割・責務のひとつと捉え，具体的な経営戦略や経営計画等について建設的な議論を行うべきであり，重要な業務執行の決定を行う場合には，上記の戦略的な方向付けを踏まえるべきであるとされる。

　この原則は，前述した【基本原則4】の(1)の内容を敷衍し，取締役会の主要な役割・責務を，「企業戦略等の大きな方向性」を示すことにあると位置付けている。その趣旨としては，取締役会に個別の業務執行についての詳細な内容の検討を求めるものではなく，むしろ会社の業績等の評価の前提となる経営戦略や経営計画等について「建設的な議論」を行うことに力点が置かれることを明らかにするものといえる。この原則には，以下の3つの補充原則が規定されている。なお，経営理念等の情報発信については，第6章第2節も参照。

2　経営戦略等に関する３つの補充原則

(1)　経営陣に対する委任の範囲の開示

　第1に，【補充原則4－1①】は，取締役会は，取締役会自身として何を判断・決定し，何を経営陣に委ねるのかに関連して，経営陣に対する委任の範囲を明確に定め，その概要を開示すべきであるとしている。これは【原則4－1】を踏まえ，経営戦略や経営計画等についての建設的な議論を行うためには，取締役会と経営陣の権限分配についてあらかじめ議論し，適切かつ明確に定めておくことが必要と考えられるため，取締役会に対し委任の範囲を定めたうえで，その概要を投資者に開示することを求めるものである。

　この補充原則はいわゆる開示原則であり，ガバナンス報告書における開示事項は，経営陣に対する「委任の範囲の概要」になる。具体的な開示内容等は，①取締役会と経営陣の権限配分に関する基本的な考え方，②取締役会規則等に定められた取締役会付議基準の概要や，③経営陣に対する委任事項の概要等になる。なお，開示が求められるのはあくまで概要であり，そうした内容の詳細が定められている取締役会規則等の社内規程を開示する必要はない。

(2)　中期経営計画の実現と株主への説明等

　第2は，「中期経営計画」に関するものである。【補充原則4－1②】は，取締役会・経営陣幹部は，中期経営計画も株主に対するコミットメントのひとつであるとの認識に立ち，その実現に向けて最善の努力を行うべきであるとする（同補充原則第1文）。仮に，中期経営計画が目標未達に終わった場合には，その原因や自社が行った対応の内容を十分に分析し，株主に説明を行うとともに，その分析を次期以降の計画に反映させるべきであるとされている（同補充原則第2文）。

　実際に，多くの上場会社は現在のところ中期経営計画を策定し，公表している。中期経営計画については，一般に中長期的な視点で対話を行うための資料として有用である。ただ，中期経営計画については達成度合いが低い会社も多く，計画実行力への信頼性が乏しいという指摘も見られていた。そこで，【補充原則4－1②】では，中期経営計画の実現についての努力と目標未達の場合

の説明等が求められているわけである。中期経営計画かどうかはその名称を問わず，その内容から判断され，実質的に中期経営計画であると判断されるものには本補充原則が適用されることになる。なお，中期の計画はあえて策定しないという経営判断も許容され，その場合には本補充原則は適用されない。

(3)　後継者計画の策定・運用への主体的な関与

第3は，後継者計画についてである。【補充原則4−1③】は，取締役会は，会社の目指すところ（経営理念等）や具体的な経営戦略を踏まえ，最高経営責任者（CEO）等の後継者計画（プランニング）の策定・運用に主体的に関与するとともに，後継者候補の育成が十分な時間と資源をかけて計画的に行われていくよう，適切に監督を行うべきであるとしている。

この補充原則においては最初のステップとして，最高経営責任者等（社長等）について，「①後継者計画の策定・運用を行っているか」が問われ，行っていれば，「②取締役会において審議，報告等を行うなど主体的な関与があるか」を検討し，両方を満たすと，コンプライ（コードの実施・履行）となる。また，「新たに後継者計画の策定・運用を行うか」を検討し，「ガバナンス報告書の更新までに実施するか」を満たす場合にも，コンプライに該当する。

最高経営責任者等の後継者の人選は，会社の経営理念等や具体的な経営戦略を実現するに当たり，最も重要な検討すべき事項のひとつに位置付けられよう。後継者計画（サクセッション・プラン）という。その重要性に鑑みると，後継者の人選を現職の最高経営責任者の一存に完全に委ねることとし，取締役会が何も監督をすることなく，一切関知もしないというスタンスは望ましいとはいえない。本補充原則は後継者計画の開示を求めるものではないが，【対話ガイドライン3−3】でも，CEOの後継者計画が適切に策定・運用され，後継者候補の育成（必要に応じ，社外の人材を選定することも含む）が，十分な時間と資源をかけて計画的に行われているかという点は上場会社と株主との間の対話における重要な項目に挙げられており，その内容等を開示している会社も見られる。

後継者計画を適切に監督する際には，形式よりも実質が重視される。そのため，必ずしも「計画書」といった特定の文書を作成し，取締役会の決議で承認

することが想定されているわけではない。また，現在や過去の最高経営責任者
等が後継者計画の立案を担うこと自体が妨げられるものではないが，その適正
さを担保する趣旨から，独立した指名委員会（社外取締役等）の関与や監督も
重視されている（第10章第2節を参照）。後継者計画の対象である「最高経営責
任者等」の範囲は，主に後継者の人選が特に重要と考えられる経営トップにな
るが，各上場会社の状況に応じ，社長等のCEOにCOO（またはそれらに相当
する者）を加えることもありうる。

> ◁ ポイント：経営者の英語名称の種類 ▷
>
> 　従来わが国では一般に経営者の肩書は，社長，会長，専務，常務等の名称が使
> われてきた。この点，ガバナンス・コード等では，CEO（最高経営責任者）のほか，
> CFO(Chief Financial Officer，最高財務責任者）やCOO（Chief Operations
> Officer，最高執行責任者）に加え適宜，CTO（Chief Technical(Technology)
> Officer，最高技術責任者），CLO(Chief Legal Officer，最高法務責任者），CSO
> （Chief Strategy Officer，最高戦略責任者），CIO（Chief Innovation Officer，
> 最高イノベーション責任者）等の英語名称も出てくる。特に「社長・CEO等」
> や最高経営責任者等の言葉は，経営陣の総称としてもよく用いられる。
> 　制定法である会社法上の役員等の名称は代表取締役・取締役・執行役等を中心
> としているが，社長等の名称は会社法上必須の肩書ではないため，時代とともに
> その名称には変遷がありうる。特に上場会社でグローバルな投資家を意識した場
> 合，海外でもわかりやすいCEO等の名称が経営者の肩書として好まれる傾向が
> 強まっていくかもしれない。チーフオフィサー制度の採用には，その役割が明確
> になるという利点もある。

第3節　経営陣の支援と報酬制度の設計

1 経営陣への支援と報酬のインセンティブ機能の重視

　近時，役員の報酬の設計に当たっては，インセンティブ機能が重視されるよ
うになっている。中長期的な企業価値の向上を目指すものである。

　この点，ガバナンス・コードの【原則4－2．取締役会の役割・責務(2)】によれば，取締役会は，経営陣幹部による適切なリスクテイクを支える環境整備を行うことを主要な役割・責務のひとつと捉え，経営陣からの健全な企業家精神に基づく提案を歓迎しつつ，説明責任の確保に向けて，そうした提案について独立した客観的な立場において多角的かつ十分な検討を行うとともに，承認した提案が実行される際には，経営陣幹部の迅速・果断な意思決定を支援すべきであるとされている（同原則第1文）。また，経営陣の報酬については，中長期的な会社の業績や潜在的リスクを反映させ，健全な企業家精神の発揮に資するようなインセンティブ付けを行うべきであるとされる（同原則第2文）。

　【原則4－2】の趣旨はどこにあるのであろうか。【原則4－2】の第1文は，前述した【基本原則4】の(2)が「経営陣幹部による適切なリスクテイクを支える環境整備を行うこと」を取締役会の役割・責務としていることを敷衍し，経営陣の適切なリスクテイクを後押ししようとしている観点の表れになる。そうした後押しにより，健全な起業家精神の発揮を促し，実効的なコーポレート・ガバナンスを実現するといった目的が達成されることを目指している。

　同様の観点から，同原則第2文は，従来からわが国においては経営陣の報酬について，固定報酬の割合が高く，会社の中長期的な業績向上に向けた適切なインセンティブとして機能していないのではないか等の懸念が示されていたことを背景にして定められたものである。国の経済全体の成長にもつながりうる。

２ 具体的な報酬制度の設計

　ガバナンス・コードの【原則4－2】には，2つの補充原則が規定されている。まず【補充原則4－2①】の第1文は，取締役会は，経営陣の報酬が持続的な成長に向けた健全なインセンティブとして機能するよう，客観性・透明性ある手続に従い，報酬制度を設計し，具体的な報酬額を決定すべきであるとする。そして，その際，中長期的な業績と連動する報酬の割合や，現金報酬と自社株報酬との割合を適切に設定すべきであるとしている（同補充原則第2文）。

　役員報酬のインセンティブ機能を重視するものである。これに関し，対話ガイドラインでも，【経営陣の報酬決定】として，2つの点が挙げられている（同ガイドライン3－5）。第1に，経営陣の報酬制度を，持続的な成長と中長期的

な企業価値の向上に向けた健全なインセンティブとして機能するよう設計し，適切に具体的な報酬額を決定するための客観性・透明性ある手続が確立されているかである。第2に，こうした手続を実効的なものとするために，独立した報酬委員会が必要な権限を備え，活用されているか，また，報酬制度や具体的な報酬額の適切性が，わかりやすく説明されているかである。中長期的な企業価値の向上や独立した報酬委員会の活用等が重視されている。報酬委員会については，第10章第3節を参照。

　ここでは実際に，業績と連動する報酬や自社株報酬の具体的な割合について，どのように設定するかが問題になる。それは各上場会社がその置かれた状況に応じて，様々な要素を考慮した合理的な検討が行われることになる。そこで，そうした検討の結果として，中長期的な業績と連動しない報酬や自社株報酬を導入しないという対応をとることも必ずしも否定されない。とはいえ，各上場会社が経営陣の報酬の在り方について真摯な検討を行うことにより，インセンティブ報酬の実務の健全な発展につながることが期待されている。

<hr>

金融商品取引法の関連テーマ：上場会社役員の報酬開示

　役員報酬についてはインセンティブ機能の重視とともに，役員報酬の情報開示とそのチェックが国際的に厳しくなっている。日本でも金融商品取引法上の有価証券報告書等による，役員報酬等の決定方針や報酬実績，報酬決定プロセスの開示のほか，連結報酬額で1億円以上の報酬を受ける役員の報酬額の開示が注目を集めている（同法24条等）。

　会社法でも同様に事業報告において記載項目が拡充されているが，役員の個別の報酬額を開示している企業は少なく，その代わり業績連動報酬等を区分した開示や個人別の報酬等の決定に関する方針の開示（決定方針の開示）等による対応が進んでいる（同法361条7項，会社法施行規則121条4号以下等）。役員報酬の公正性や透明性の確保は会社法・金融商品取引法の中心的な課題になっている。

③ サステナビリティ方針の策定や事業ポートフォリオ戦略の監督

　次に，【補充原則4-2②】の前段は，取締役会は，中長期的な企業価値の

向上の観点から，自社のサステナビリティを巡る取組みについて基本的な方針を策定すべきであるとしている。サステナビリティ方針という。また，同原則の後段では，人的資本・知的財産への投資等の重要性に鑑み，これらをはじめとする経営資源の配分や，事業ポートフォリオに関する戦略の実行が，企業の持続的な成長に資するよう，実効的に監督を行うべきであるとされる。

　サステナビリティや人的資本・知的財産（特許権，商標権，著作権等）への投資等，事業ポートフォリオの戦略はわが国の企業の重要な課題になっている。そのため，取締役会の役割・責務としてもそれらに関する基本的な方針の策定や実効的な監督が求められている。人材育成や人事戦略も重要になる。

　この点，株主との対話に関する【基本原則5】の【補充原則5-2①】においても，上場会社による事業ポートフォリオに関する基本的な方針や事業ポートフォリオの見直しの状況についてわかりやすく示すことが要請されており，【補充原則4-2②】の後段はそうした事業ポートフォリオに関する戦略の実行に対する監督の役割が取締役会にあることを強調する目的で定められたものである。サステナビリティの意義と対応・開示については第5章第2節や第6章第2節を，事業ポートフォリオの意義等は第3章第3節を参照。

◆　検討課題

(1)　上場会社の取締役会の役割と責務について，説明しなさい。会社法上の取締役会の権限はどのように定められているか。取締役会の意思決定と経営判断原則とはどのようなものか。

(2)　取締役会の役割等において会社の経営戦略や経営計画は，どのように位置付けられているのか。経営陣に対する委任の範囲の開示や，中期経営計画の説明とは何か。後継者計画への取組みはどうなるか。

(3)　経営陣の報酬制度の設計について，検討しなさい。インセンティブ機能はどのように考えられているのか。サステナビリティ方針や事業ポートフォリオ戦略，人的資本等への投資の監督はどうなるか。

第8章

取締役会による監督と監査役の役割等

　この章は，経営陣等に対する取締役会の監督機能を考えていく。そうした監督機能はモニタリングといわれることもある。主に①経営陣等の選任・解任等，②情報開示の監督・内部統制システム等の整備，③利益相反の適切な管理といった点が重要な検討すべき課題になる。

　取締役会の監督機能の強化は，上場会社のガバナンスの充実を図るものである。そのためには，会社経営のチェック役として監査役・監査役会（監査委員会等も含む）の役割に期待されるところも大きい。

【設　例】

　上場会社であるＡ会社では，代表取締役社長の選任・選定の在り方が検討すべき重要な課題になっている。Ａ会社の取締役会は，経営トップの選任に際し，どういった役割を果たすべきであろうか。取締役会による監督機能等と内部統制システムとの関係はどうなるか。

　Ａ会社は監査役会設置会社である。監査役の役割は，どのように考えられるか。また，監査役会によるガバナンスの実効性については，どのように図られるべきか。

第１節　取締役会による経営陣等に対する監督機能

<figure>
図表８－１ 取締役会の監督機能

取締役会の監督
　│┌─①業績等の評価→人事への反映：選任や解任等
　│├─②情報開示の監督・内部統制等の整備
　↓└─③利益相反の適切な管理
経営陣・取締役
</figure>

1 実効性の高い監督の具体化

(1) 会社の業績等への評価と人事への反映

　取締役会は経営陣等に対し，監督を行う機能を有している。その監督機能の実効性を高めることは，従来から会社法の重要な問題であり，ガバナンス上の重要な課題であり続けている。

　前述した【基本原則４】がその(3)で取締役会が独立した客観的な立場から，経営陣等や取締役に対する「実効性の高い監督」を行うことをはじめとする役割・責務を適切に果たすべきであると述べていることを踏まえ，ガバナンス・コードの【原則４－３．取締役会の役割・責務(3)】はその内容を敷衍している。【原則４－３】は以下のように，３つの文章からなる。

　まず【原則４－３】の第１文は，取締役会は，独立した客観的な立場から，経営陣・取締役に対する実効性の高い監督を行うことを主要な役割・責務のひとつと捉え，適切に会社の業績等の評価を行い，その評価を経営陣幹部の人事に適切に反映すべきであるとする。業績等の評価と人事への反映である。

　取締役会による経営陣・取締役に対する監督としては，①会社の業績等の評価と②選任・解任権限等といった人事権の行使を適切に行うことが重要になる。そのため，取締役会には，経営戦略や経営計画等を踏まえて会社の業績等を適切に評価したうえで，そうした評価に基づき現職の経営陣に経営を委ねるべき

か否かを適切に判断することが求められている。

(2)　CEO（社長等）の選解任の手続等

　【原則4 - 3】を受けて，ガバナンス・コードにはさらに，次のような補充原則が規定されている。第1に，【補充原則4 - 3①】は，取締役会は，経営陣幹部の選任や解任について，会社の業績等の評価を踏まえ，公正かつ透明性の高い手続に従い，適切に実行すべきであるとしている。経営陣幹部の選任の適切性をどのように確保するかという点に加え，真に必要な状況においては，業績等の評価を踏まえて適切に経営陣幹部を「解任」することも，取締役会が果たさなければならない主要な役割・責務となる。

　第2に，【補充原則4 - 3②】においては，取締役会は，CEO（社長等）の選解任は，会社における最も重要な戦略的意思決定であることを踏まえ，客観性・適時性・透明性ある手続に従い，十分な時間と資源をかけて，資質を備えたCEOを選任すべきであるとされる。CEOの選解任の手続について，客観性・適時性・透明性や十分な時間と資源を求めている。

　第3に，【補充原則4 - 3③】は，取締役会は，会社の業績等の適切な評価を踏まえ，CEOがその機能を十分発揮していないと認められる場合に，CEOを解任するための客観性・適時性・透明性ある手続を確立すべきであるとする。資質を備えたCEOによる適確な経営判断を実現するためには，適切な評価に基づき一定の場合にはCEOを解任できる仕組みを整えておくことや，その際に適時・適切に取締役会がCEOを解任できるよう，独立性・客観性を十分に確保することが不可欠であるという趣旨による。

　実際の経営陣幹部の選解任と取締役・監査役候補の指名についての「方針と手続」については，第6章第2節①の【原則3 - 1．情報開示の充実】の（iv）で見たように，ガバナンス報告書の開示内容として，選任の方針として経験，能力，知識，見識，人格等の資質を挙げる会社が多く，財務・会計・法律等の専門性に触れる例もあり，解任の方針は，重大な法令違反や定款違反等が一般的である。選解任の手続は株主総会や取締役会の決議が基本であるが，選解任プロセスの透明性等を確保するため，社外取締役等の意見・助言や，任意の指名委員会等の関与に言及する例も増えつつある。監査役や監査等委員について

は，取締役とは別に求められる資質や選任プロセスを記載する会社が多い。

⑶　CEO の選解任と対話ガイドライン

　このようなガバナンス・コードの CEO の選解任等の原則については，対話ガイドラインでもいくつかのポイントを提示しており，重要になる。対話ガイドラインは，［3．CEO の選解任・取締役会の機能発揮等］において【CEO の選解任・育成等】として，3つの点を規定している（育成については，第10章第2節の指名委員会の項目を参照）。① CEO（社長等）の資質・②選任の手続・③解任の手続である。

　第1に，持続的な成長と中長期的な企業価値の向上に向けて，経営環境の変化に対応した果断な経営判断を行うことができる CEO を選任するため，CEO に求められる資質について，確立された考え方があるかである（対話ガイドライン3－1）。ガバナンス・コードを踏まえ，CEO の選任の前提として，資質に関する考え方の重要性を明確にしている。

　第2に，客観性・適時性・透明性ある手続により，十分な時間と資源をかけて，資質を備えた CEO が選任されているかが重視される。こうした手続を実効的なものとするために，独立した指名委員会が必要な権限を備え，活用されているかも重要になる（対話ガイドライン3－2）。ガバナンス・コードを踏まえ，選任の手続の整備が必要とされ，「指名委員会の活用」もポイントとして提示されている。

　第3に，ガバナンス・コードと同様に，会社の業績等の適切な評価を踏まえ，CEO がその機能を十分発揮していないと認められる場合に，CEO を解任するための客観性・適時性・透明性ある手続が確立されているかが挙げられている（対話ガイドライン3－4）。選任と解任の手続には，①客観性・②適時性・③透明性の3点が重視されるわけである。

2　情報開示の監督・内部統制等の整備

⑴　情報開示の監督等

　次に，【原則4－3】の第2文によれば，取締役会は，適時かつ正確な情報開示が行われるよう監督を行うとともに，内部統制やリスク管理体制を適切に

整備すべきであるとされている。情報開示といわゆる内部統制システム等の整備の重視である。内部統制は守りのガバナンスとして位置付けられる。

　会社の業績等の評価を適切に行う前提として，財務情報を含めた情報開示の信頼性の確保は取締役会による重要な監督の対象になる。また，経営陣・取締役に対する実効性の高い監督を行うためには，内部統制システムやリスク管理体制を適切に整備することが欠かせない点を示すものである。

　この点，【補充原則4－3④】においては，内部統制や先を見越した全社的リスク管理体制の整備は，適切なコンプライアンスの確保とリスクテイクの裏付けとなり得るものであり，取締役会はグループ全体を含めたこれらの体制を適切に構築し，内部監査部門を活用しつつ，その運用状況を監督すべきであるとされている。取締役会に期待される実効性の高い監督について，内部統制やリスク管理の体制を適切に整備し，その運用状況の有効性を監督することにより実現されるものであるとの考え方を示している。上場会社は一般にその規模が大きい会社が多いため，全社的リスク管理やグループ全体を見渡す必要性があり，そうした際には内部監査部門の設置・活用も重視するものである。

(2)　内部統制システムの意義と3線ディフェンス

　会社の内部統制システムは基本的に，企業法制により整備が義務付けられている（会社法362条5項，会社法施行規則100条，金融商品取引法24条の4の4等）。ガバナンス報告書ではそうした法規制を踏まえ，内部統制システムの整備状況として，①コンプライアンス体制（倫理規範の策定や内部通報制度の構築等），②リスク管理体制（リスク発生の未然防止手続や対処方法の整備，リスクアペタイト〔リスクと収益を一体化して事業経営を行う考え方〕に関する方針の策定等），③情報管理体制（各種情報の記録方法や保存年数等の管理），会計監査人の内部統制に関する事項等の記載が求められている。反社会的勢力排除に向けた社内体制の整備状況も内部統制に含まれる。内部通報制度との関係も重要になっている。

　この点に関し，グループガイドラインでは業務執行に属する内部統制システムにおいて，3線ディフェンス（Three Lines of Defense）の導入と適切な運用の重要性が説かれている。3線ディフェンスによれば，第1線（事業部門・現場）におけるコンプライアンス意識の醸成を図るとともに，第2線（管理部門）と

第3線（内部監査部門）の実効的な機能の発揮が重要になる。

　第1線に対する牽制機能を発揮するためには，第2線と第3線の実質的な独立性の確保も必要である。第3線が最後のディフェンスラインになる。最適点を目指して，PDCAサイクルを回していくことが求められる。PDCAサイクルとは，①Plan（計画），②Do（実行），③Check（評価），④Action（改善）を行うことをいう。PDCAサイクルは，業務管理・改善等で実務上一般的に使われている用語であるが，取締役会の実効性評価等のほか，ガバナンス・コードの各所で重視される。

　内部統制システムの運用に関しては，監査役等・会計監査人・内部監査部門による「三様監査」との適切な連携もポイントになる。アメリカの内部監査人協会（IIA）の「3ラインモデル」も参照されうる。なお，PDCAサイクルや内部監査部門については，第11章第2節・第3節も参照。

3　利益相反の適切な管理

　【原則4－3】の第3文は，取締役会は，経営陣・支配株主等の関連当事者と会社との間に生じうる利益相反を適切に管理すべきであるとしている。経営陣等の関連当事者と会社との間の利益相反については，取締役会が独立した客観的な立場から監督を行う必要性が特に高くなる。

　そのような利益相反が生じうる具体的な局面には，取締役の選解任や報酬の決定のほか，関連当事者間の取引，親会社による完全子会社，MBO（マネジメント・バイアウト），買収防衛策の導入や発動等があり，そうした取引等は近年増加傾向にある。そこで，本原則はこうした点に関し，取締役会による公正な監督を特に求めている。

＜ポイント：エージェンシー問題と公正性確保措置＞

　会社経営におけるエージェンシー問題（Agency Problem）は，本人・依頼人である株主（Principal，プリンシプル）と経営を委任された代理人である経営者（Agent，エージェント）の間に生じる利害対立問題のことをいう。利益相反の問題ともいわれる。代理人が依頼人の意向通りに業務を遂行するとは限らないことから生じる非効率性を，エージェンシーコストとも呼ぶ。

　企業の株主（依頼人）と経営者（代理人）の関係はエージェンシー関係にあり，このエージェンシーコストを最小化するために，コーポレート・ガバナンスが重要となる。エージェンシー問題の背景には，情報の非対称性や経営監督の問題がある。所有と経営の分離原則の下での経営者支配の問題も絡む。そのため，こうした問題に対処するため，適切な情報開示や第三者による監督等といった公正性確保措置のほか，インセンティブの付与等も必要となる。

第2節　監査役と監査役会等の役割

1　監査役等の意義と役割

図表8－2	監査役と監査役会の役割・責務（原則4－4）

監査役・監査役会 ── ①取締役の監査と監査役・会計監査人の選解任や監査
　　　　　　　　　　　　報酬の権限行使←客観的な立場における適切な判断
　　　　　　　　　── ②業務監査・会計監査等の守りの機能←能動的・積極
　　　　　　　　　　　　的な権限の行使，意見の陳述
株主に対する受託者責任

　監査役は会社のガバナンスの要である。監査役等（監査等委員会・監査委員会を含む）は執行部から独立して監査を行い，「守りのガバナンス（不正の防止等）」におけるゲートキーパー（門番のこと）として重要な役割を担っている。

　そこで，ガバナンス・コードの【原則4－4．監査役および監査役会の役割・責務】は，監査役および監査役会は，取締役の職務の執行の監査，監査役・外部会計監査人の選解任や監査報酬に係る権限の行使などの役割・責務を果たすに当たって，株主に対する受託者責任を踏まえ，独立した客観的な立場において適切な判断を行うべきであるとする。また，監査役および監査役会に期待される重要な役割・責務には，業務監査・会計監査をはじめとするいわば「守りの機能」があるが，こうした機能を含め，その役割・責務を十分に果たすためには，自らの守備範囲を過度に狭く捉えることは適切でなく，能動的・積極

に権限を行使し，取締役会においてあるいは経営陣に対して適切に意見を述べるべきであるとしている。

　わが国の上場会社の機関設計の多くは，監査役会設置会社である。そこで，実効的なコーポレート・ガバナンスの実現のためには，監査役・監査役会の役割・責務が重要になることを示している。この点，【基本原則4】の第2文にも示されているように，監査役会設置会社を想定した原則について，監査役会設置会社以外の機関設計を採用する上場会社においては，自らの機関設計に応じて所要の読替えを行ったうえで適用を行うことが想定されている。2つの委員会型の会社（監査等委員会設置会社と指名委員会等設置会社）では，監査役会が監査等委員会や監査委員会になる。

会社法の関連テーマ：監査役・監査役会の意義と役割等

　会社法上，大会社でかつ公開会社は，監査役会および会計監査人を置かなければならず，そうした監査役等は株主総会で選任される（同法328条，329条等）。監査役については独立性が重視され，その会社の取締役等との兼任が禁止され，任期も長い（同法335条以下）。

　監査役は取締役の職務の執行について業務監査と会計監査の双方を行い，監査報告を作成する（会社法381条1項，会社法施行規則105条）。監査役会（3人以上の監査役で組織され，半数以上は社外監査役）では，各監査報告をひとつに統合する（同法390条等）。監査役は取締役会に出席し，必要に応じて意見を述べるほか，監査をするための報告聴取権・会社の業務や財産状況の調査権等を有する（同法381条以下等）。監査役は取締役の違法行為差止請求権等の重要な権限も持つ（同法385条以下等）。ガバナンス・コードでは，監査役の能動的・積極的なこうした権限の行使が期待されている。

2　監査役会の独立性と情報収集力

(1)　監査役会の意義と実効性

　監査役会は3人以上の監査役からなる（会社法335条3項）。監査役としての基本的な調査権等は各自が保持しつつ（独任制），会社法上組織的な監査が求められている（同法390条以下）。その職務として，監査報告の作成や監査の方

針等の決定を行う。

　監査役会について，ガバナンス・コードではどのように考えられているのであろうか。【補充原則４−４①】においては，監査役会は会社法により，その半数以上を社外監査役とすることおよび常勤の監査役を置くことの双方が求められていることを踏まえ，その役割・責務を十分に果たすとの観点から，前者に由来する強固な独立性と，後者が保有する高度な情報収集力とを有機的に組み合わせて実効性を高めるべきであるとされている（同補充原則第１文）。

　また，監査役または監査役会は，社外取締役が，その独立性に影響を受けることなく情報収集力の強化を図ることができるよう，社外取締役との連携を確保すべきであるとする（同補充原則第２文）。

　こうした補充原則においては，監査役会と常勤監査役の機能が重視されている。①監査役会はその構成上独立性が高く，②「常勤監査役」は監査役の互選で定められるが（会社法390条３項），フルタイムで職務に従事する監査役であり，一般に会社の情報に通じていると考えられる。監査役会設置会社においてはそうした点を踏まえて，ガバナンスの実効性を高めることが求められている。

　そこで，監査役・監査役会と社外取締役が連携することにより，社外取締役への情報共有が適確に行われることも期待されている。この点，社外取締役が常勤監査役と過度に緊密な連携等を行うことにより，その独立性に疑義が生じることのないよう留意する必要はある。とはいえ，監査役会は経営サイドからの独立性が高いため，監査役会との連携であれば通常そうした懸念が生じるおそれは低いとも考えられる。

(2)　取締役・監査役等の受託者責任

　こうした取締役や監査役等の行動指針については，どのように位置付けるべきであろうか。この点，ガバナンス・コードの【原則４−５．取締役・監査役等の受託者責任】は，上場会社の取締役・監査役および経営陣は，それぞれの株主に対する受託者責任を認識し，ステークホルダーとの適切な協働を確保しつつ，会社や株主共同の利益のために行動すべきであるとしている。

　これはガバナンス・コード策定の当初示された考え方である，「会社は，株主から経営を付託された者としての責任（受託者責任）をはじめ,様々なステー

クホルダーに対する責務を負っていることを認識して運営されることが重要である」という点と合わせて明記されたものであり（コード原案序文7項），受託者責任がキーワードになる（第13章第2節のポイントも参照）。ここでいう「経営陣」の範囲には，いわゆる執行役員も含まれうる（【基本原則4】を参照）。ただ，執行役員の肩書を付されていても，委譲されている権限の範囲がきわめて限定的である等の理由により，「株主に対する受託者責任」を負わない場合はありうる。

◆ 検討課題

(1) 取締役会の監督機能には，どのようなものが求められているのか説明しなさい。経営陣等の資質と選任・解任の手続について，取締役会の役割等はどのようになるか。

(2) 取締役会による情報開示の監督や利益相反の管理には，何が求められているのか検討しなさい。内部統制システムとはどのようなものか。利益相反の適切な管理とは何か。

(3) 監査役と監査役会等はどのような役割を負っているのか。会社法では，監査役等の独立性と情報収集力等について，どのように規定されているのか。受託者責任とは何か（第13章第2節③も参照）。

第9章

社外取締役と独立社外取締役等

　この章は，社外取締役や独立社外取締役の意義，判断基準，役割等を取り上げていく。社外取締役には上場会社のガバナンスにおいて，少数株主の利益の代弁者等といったきわめて重要な役割が期待されている。そこで，取締役会における独立社外取締役が必要とされる比率も増えてきている。社外取締役の5つの心得にも留意しておきたい。

　ガバナンス・コードの各所で重視される，独立社外取締役の意義や役割はどこにあり，独立社外取締役の活用方法としてはどういった工夫が必要になるのであろうか。社内のサポート体制や実効性は，どのように確保することが求められているか。独立役員や独立役員届出書との関係についても重要になる。

【設　例】────────────────────

　上場会社であるA会社では，社外取締役を何名置くべきか検討している。社外取締役の人数によっては，同社の取締役会の役割や運営方法等に大きな影響を及ぼすことになるかもしれない。そのうち，独立社外取締役の人数と役割をどのように考えるのかも重要になる。

　社外取締役は，会社のガバナンスにおいてどのような役割を持つのであろうか。会社法では社外取締役について，どういった定めが置かれているか。また，独立役員と独立役員届出書とは何か。そもそも株式会社には，どのような役員等を置くことが必要とされているのか。

第1節　社外取締役の意義

1　会社法における社外取締役の意義

図表9-1	社外取締役の設置義務

```
┌─①指名委員会等設置会社→3つの委員会の過半数は社外取締役
├─②監査等委員会設置会社→監査等委員会の過半数は社外取締役
└─③監査役会設置会社→上場会社等では1名以上の社外取締役
        └──→ なお，監査役会の半数以上は社外監査役
```

　近時，上場会社等においては社外取締役が重視されている。社外取締役はガバナンス・コード上の独立社外取締役（後述）のベースになり，実務上その範囲はほぼ重なるように工夫されている。

　そのため，社外取締役を選任する際には，会社法上の社外要件に加えて，証券取引所の独立性基準（独立役員の基準）とガバナンス・コードに基づく各社の判断基準を踏まえる必要がある。上場会社には，主に3つの機関設計の選択が認められているが，2つの委員会型の会社（①指名委員会等設置会社・②監査等委員会設置会社）はもとより，③監査役会設置会社であっても大会社でかつ公開会社に当たる有価証券報告書の提出会社は，1名以上の社外取締役の設置が義務付けられている（会社法327条の2）。

　つまり，すべての上場会社では現在，1名以上の社外取締役が置かれている。社外取締役は経営陣から独立性を有し，経営監督を行う。社外取締役に関する会社法上の社外要件は，その会社と子会社で過去10年間業務執行取締役等でなかったことなどになるが（同法2条15号），取引先等の実質的な関係者は除外範囲に含まれていないという限界ないし問題点がある。なお，会社法において会社と取締役との利益相反の状況では（MBO〔マネジメント・バイアウト〕の実施等），業務執行の社外取締役への委託も可能であり，社外取締役の活用が促進されている（同法348条の2。令和元年改正で導入）。

2　社外取締役の役割と活用方法

(1)　社外取締役活用の視点とその役割・機能の明確化等

　会社法の規定では，社外取締役が重視されているものの，その役割や活用方法はあまり明確にされていない。会社法改正における議論では，社外取締役の機能として，①経営効率の向上のための助言を行う機能（助言機能），②経営全般の監督機能，③利益相反の監督機能，が挙げられてきた。そして，ガバナンス・コードを補完する「コーポレート・ガバナンス・システムに関する実務指針（CGS ガイドライン）」では，社外取締役を活用するための9つの視点（ステップ）が提示されており，独立社外取締役の活用のポイントとしても重要な意義を持つ。

　ステップ1から3は社外取締役の要否等や，求める社外取締役像を検討する場面になる。ステップ1は，自社の取締役会の在り方を分析的に把握することである。社外取締役は取締役会において社長・CEO の権限が分権的な場合は積極的な提案等を行うことも期待されるが，集権的な経営体制の場合には社長等の後押しをしつつ，重要な問題があるようであればその解職等も検討する。

　ステップ2は，社外取締役に期待する役割・機能を明確にすることである。具体的には，①経営戦略・計画の策定への関与，②指名・報酬プロセスへの関与，③利益相反の監督（役員報酬の決定，MBO や支配株主等による買収への対応，支配株主等との取引，敵対的買収への対応〔買収防衛〕，企業不祥事への対応等），④株主やその他のステークホルダーの意見の反映，⑤業務執行の意思決定への関与，⑥内部通報の窓口や報告先となることなどが，社外取締役の役割等として求められうる。ステップ3は，社外取締役に求める資質・背景を検討することである。主に，①経営経験型，②専門知識型（弁護士，会計士，学者，行政経験者等），③属性着目型（性別，国籍，年齢等），に分類される。

(2)　社外取締役への就任の依頼とサポート等

　ステップ4から6は，実際に社外取締役を探し，就任を依頼する場面になる。ステップ4は求める資質・機能に合致する社外取締役候補を探すことである。ステップ5は，社外取締役候補者の適格性をチェックすることになる。ステッ

プ6は，社外取締役の就任条件（報酬等）について検討することである。固定報酬のみならず，自社株報酬や業績連動報酬の付与も検討されうる。

ステップ7は，就任した社外取締役が実効的に活動できるようサポートすることである。例えば，①取締役会の事前説明の実施，②経営会議への出席等のアクセスの確保，③事業所・工場等の見学の実施，④取締役会以外の場での意見交換会，⑤独立社外者のみの会合（取締役会の運営における改善点や経営陣に対する評価，指摘すべき事項の有無等を議論），⑥筆頭独立社外取締役の選定，⑦任意の委員会の活用（特に指名・報酬），になる。社外取締役が就任し，企業で活躍してもらう場面である。

(3) 社外取締役の評価と選解任の検討等

ステップ8と9は，評価結果を踏まえて，選任や解任を検討することである。まずステップ8は，社外取締役が期待した役割を果たしているかを評価することになる。評価の取組みとしては，①社外取締役同士の相互評価の実施，②取締役会の実効性評価の実施における評価，③株主等のステークホルダーによる評価が可能になるように対外的に情報を発信すること等がある。

特に③の情報発信においては，①社外取締役が関与した委員会があればその活動状況の概要，②経営会議等の執行側の会議への参加状況，③社外取締役の発言のうち特に役立った事項，④社外取締役同士のコミュニケーションの状況，⑤社外取締役と経営陣や株主との対話の状況等についての情報があると，株主等による評価にとって有益と考えられる。次にステップ9は，そうした評価結果を踏まえて社外取締役の再任・解任等を検討することである。社外者中心の指名委員会の活用や，再任基準の設定等が想定される。

⟨ ポイント：社外取締役の5つの心得とは ⟩

近時の会社法においては，社外取締役に期待される役割が大きくなっている。この点，「社外取締役の在り方に関する実務指針（社外取締役ガイドライン）」により，社外取締役の心得が提示されており，参考になる。

それは以下の5つからなる。第1に，社外取締役の最も重要な役割は，経営の監督であるとしたうえで，その中核は，経営を担う経営陣（特に社長・CEO）に

対する評価と，それに基づく指名・再任や報酬の決定を行うことであるとする。必要な場合には，社長・CEO の交代を主導することも含まれる。

　第2に，社外取締役は，社内のしがらみにとらわれない立場で，中長期的で幅広い多様な視点から，市場や産業構造の変化を踏まえた会社の将来を見据え，会社の持続的成長に向けた経営戦略を考えることを心掛けるべきであるとする。社外・中長期的・持続可能性といった3つの視点がポイントになる。

　第3に，社外取締役は，業務執行から独立した立場から，経営陣（特に社長・CEO）に対して遠慮せずに発言・行動することを心掛けるべきであるとされる。精神的な独立性が求められる。第4に，社外取締役は，社長・CEO を含む経営陣と，適度な緊張感・距離感を保ちつつ，コミュニケーションを図り，信頼関係を築くことを心掛けるべきであるとする。緊張感と信頼感の適切なバランスを維持しなければならない。第5に，会社と経営陣・支配株主等との利益相反を監督することは，社外取締役の重要な責務であるとしている。一般株主の利益の確保という観点も求められることになる。

第2節　独立社外取締役の役割等

図表9−2	独立社外取締役の役割等

```
独立社外取締役→助言・経営監督・利益相反の監督・少数株主等の意見の反映
　↓　　└──→独立かつ客観的な経営監督の役割・責務
社長・CEO 等の経営陣や取締役会
```

1　独立社外取締役の位置付け

(1)　非業務執行取締役の活用

　ガバナンス・コードは，取締役会による経営監督を重視している。そこで，同コードの【原則4−6．経営の監督と執行】では，上場会社は，取締役会による独立かつ客観的な経営の監督の実効性を確保すべく，業務の執行には携わらない，業務の執行と一定の距離を置く取締役の活用について検討すべきであ

るとされている。

　この原則は，取締役会の経営の監督機能は重要であるとはいえ，取締役会が経営陣の一員として会社の業務の執行を担っている場合，自らが担当した業務の執行を独立した客観的な立場から評価することは必ずしも容易ではないことから，会社の業務の執行から一定の距離を置く，「非業務執行取締役の活用」を期待したものである。いわば「経営の監督と執行の分離」の推進についての検討を促すものともいわれる。

(2)　独立社外取締役の役割・責務

　こうした【原則4-6】の「経営の監督と執行の分離」を推進し，経営監督における取締役会の独立性および客観性を真に確保するためには，経営陣から「独立した社外取締役」の活用を図ることが強く期待される。そこで，ガバナンス・コードでは独立社外取締役（independent director）の活用が各所で重視されており，【原則4-7】以下ではその総論的な規定が置かれている。単なる社外性のみならず，実質的な独立性が加味される。独立社外取締役とは何かという明確な定義はされていないが，社外取締役のうち，証券取引所の独立性基準等を満たす者（独立役員）である。実際上はほとんどの社外取締役が独立社外取締役に選任されているため，そうした独立性基準等が重要になる。

　この点，同コードの【原則4-7．独立社外取締役の役割・責務】において，上場会社は，独立社外取締役には，特に以下の役割・責務を果たすことが期待されることに留意しつつ，その有効な活用を図るべきであるとされている。それは，（ⅰ）経営の方針や経営改善について，自らの知見に基づき，会社の持続的な成長を促し中長期的な企業価値の向上を図る，との観点からの助言を行うこと，（ⅱ）経営陣幹部の選解任その他の取締役会の重要な意思決定を通じ，経営の監督を行うこと，（ⅲ）会社と経営陣・支配株主等との間の利益相反を監督すること，（ⅳ）経営陣・支配株主から独立した立場で，少数株主をはじめとするステークホルダーの意見を取締役会に適切に反映させること，である。

　【原則4-7】の（ⅰ）～（ⅳ）は，独立社外取締役に特に期待される役割・責務を明らかにしたものである。この4点のうち，1点目が助言機能（コーチングともいわれる）に係る役割・責務であり，後の3点は経営監督機能に係る

役割・責務になる。監督機能よりも先に，助言機能に係る役割・責務が記載されていることがポイントである。独立社外取締役は，株主総会において株主からの付託を受けて選任された者であり，経営者から独立した立場のもと，株主共通の利益の実現に向けた経営が行われるように経営者を規律付け，後押しするとともに経営や利益相反の監督を行うことが求められている。これらの4点は，次の【原則4－8】の第1文や【原則4－9】の第2文と併せて，独立社外取締役の候補者を選定する際にも参照されるべきであると考えられる。

２　独立社外取締役の活用

図表9－3	取締役会における独立社外取締役の比率

```
独立社外取締役の選任┬プライム市場上場会社→3分の1以上
      ↓          └その他の市場の上場会社→2名以上
   取締役会         └→経営環境等によっては，過半数等の選任も要請
```

(1)　独立社外取締役の複数名選任

　独立社外取締役を有効に活用するためには，選任とともにその効果を十分に引き出すための方策がセットとして重視される。そうした方策を実施することにより，独立社外取締役は会社の中長期的な成長に貢献する存在となりうる。取締役会における独立社外取締役の比率が重視される。

　こうした考え方の下，ガバナンス・コードの【原則4－8．独立社外取締役の有効な活用】の第1文においては，独立社外取締役は会社の持続的な成長と中長期的な企業価値の向上に寄与するように役割・責務を果たすべきであり，プライム市場上場会社はそのような資質を十分に備えた独立社外取締役を少なくとも3分の1（その他の市場の上場会社においては2名）以上選任すべきであるとされている。プライム市場上場会社には，3分の1要件が課される。

　ここでは，すべての上場会社に対し，独立社外取締役の複数名の選任を求めている点が重要になる。会社法とは異なり，一人ではなく複数名の設置を要請することにより，その存在が十分に活かされる可能性が大きく高まるとの考え方による。それゆえに，独立社外取締役の有益な意見形成がなされることが期

待され，その意見を取締役会に反映することも格段に容易になりうる。外形基準・形式論ではなく，いわば実質論としてその活用を求める趣旨である。

> ◁ ポイント：取締役会と独立社外取締役の比率 ▷
>
> 【原則4−8】では，アメリカやヨーロッパ諸国等の状況を踏まえて，特にプライム市場上場会社では取締役会における独立社外取締役の比率を3分の1以上として，ガバナンスの水準が高められている。プライム市場は，わが国を代表する投資対象として優良な企業が集まる市場と位置付けられるためである。国内外の機関投資家等との対話を積極的に行う企業になる。
>
> 独立社外取締役には，いわゆるブレーキ役のみにとどまらず，会社の成長と企業価値の向上に貢献することが求められているとの趣旨が強調されている。また，独立社外取締役の比率に関しては，フォローアップ会議でプライム市場上場会社以外の上場会社でも3分の1以上の選任は必要であるとの意見も出されている点にも注意を要する。実際に，多くの上場会社が3分の1以上の選任基準を満たしつつあり，将来的には以下のように過半数の選任も視野に入ってきている。

(2) 経営環境等に応じた過半数選任

また，【原則4−8】の第2文では，上記にかかわらず，業種・規模・事業特性・機関設計・会社をとりまく環境等を総合的に勘案して，過半数の独立社外取締役を選任することが必要と考えるプライム市場上場会社（その他の市場の上場会社においては少なくとも3分の1以上の独立社外取締役を選任することが必要と考える上場会社）は，十分な人数の独立社外取締役を選任すべきであるとされている。第1文と比べ，独立社外取締役の比率が高くなっている。

経営環境や事業特性等を勘案して必要と考える場合，プライム市場上場会社では過半数（2分の1超）の独立社外取締役，それ以外の上場会社では3分の1以上の独立社外取締役の選任が求められる。独立社外取締役には，形式的な独立性にとどまらず，本来期待される役割を発揮することができる人材が選任されなければならない。また，独立社外取締役においてもその期待される役割を認識しつつ，その役割を発揮していくことが重要になる。上場会社ではこうした考え方を踏まえ，適切な人材の選任を検討することが期待されている。

この点，対話ガイドライン【3−8】では，【独立社外取締役の選任・機能発揮】として，3つの点が挙げられており，企業と投資家との対話において議

論することが期待されている。第1に，取締役会全体として適切なスキル等が備えられるよう，必要な資質を有する独立社外取締役が，十分な人数選任されているか，また，必要に応じて独立社外取締役を取締役会議長に選任することなども含め，取締役会が経営に対する監督の実効性を確保しているかである。取締役会の議長の在り方なども問題になる。

　第2に，独立社外取締役は，資本効率などの財務に関する知識や関係法令等の理解など，持続的な成長と中長期的な企業価値の向上に実効的に寄与していくために必要な知見を備えているかである。第3に，独立社外取締役の再任・退任等について，自社が抱える課題やその変化などを踏まえ，適切な対応がなされているかである。さらに，独立社外取締役は，自らの役割・責務を認識し，経営陣に対し，経営課題に対応した適切な助言・監督を行っているかも重要になる（同ガイドライン3－9）。

第3節　独立社外取締役の実効性の確保

1　独立社外取締役同士の情報交換・情報共有等

　【原則4－8】に関しては，3つの補充原則が挙げられ，独立社外取締役の実効性を高めるため，いくつかのポイントが提示されている。第1に，【補充原則4－8①】は，独立社外取締役は，取締役会における議論に積極的に貢献するとの観点から，例えば，独立社外者のみを構成員とする会合を定期的に開催するなど，独立した客観的な立場に基づく情報交換・認識共有を図るべきであるとしている。

　独立社外者の会合があれば，他の独立社外者との情報の交換や認識の共有を図ることで，独立社外取締役間において率直かつ有益な意見の形成・共有（コンセンサス作り）が行われ，取締役会における議論に積極的に貢献できる可能性が高まることも期待される。社外取締役会議や社外取締役委員会等といわれる。その方法や頻度等については，各独立社外取締役の合理的な判断に委ねられている。

　こうした会合の構成員に独立社外監査役を含めることも考えられるほか，必

要に応じて独立社外者の自主的な判断により，社内者に会合への参加や説明を求めること等が妨げられるわけではなく，むしろ社外者がそうした情報収集に努めることは【補充原則4-13①】の趣旨にも沿う。英米諸国でも，類似の非業務執行取締役や独立取締役のみの会合（executive session）ないし社外取締役会議等が，ガバナンス・コードや証券取引所のルール等の要請により定期的に開催され，非業務執行取締役の監督機能の実効性確保に有用とされている。業務執行とは無関係の非公開で内々の会合になる。

② 筆頭独立社外取締役の選定等

第2に，【補充原則4-8②】は，独立社外取締役は，例えば，互選により筆頭独立社外取締役を決定することなどにより，経営陣との連絡・調整や監査役または監査役会との連携に係る体制整備を図るべきであるとしている。そうした「筆頭独立社外取締役（lead〔senior〕independent director）」を設けることで，組織的な対応が可能になりうる。

【補充原則4-8②】が例示として，筆頭独立社外取締役の選定を求める趣旨は，経営陣との調整や監査役との連携についてはデリケートで骨の折れる職務になるため，まずは第一次的にこれらを担当する者を決定しておき，適切にその任に当たってもらうことにある。フォローアップ会議の意見書では，株主との面談の対応者としても，筆頭独立社外取締役の設置等の適切な取組みが挙げられている（第12章の株主との対話を参照）。

ただ，「筆頭」とはいっても，独立社外取締役の間に序列をつけるものではなく，実務上は筆頭という言葉にこだわる必要もない。なお，「支配株主を有する上場会社」において独立社外取締役や特別委員会の設置等を求める【補充原則4-8③】については，第13章のグループ企業のガバナンスを参照。

第4節　独立社外取締役の独立性の判断基準

① 社外役員と独立社外取締役

独立社外取締役とは，一定の独立性を有する社外取締役である。独立社外取

締役について，その独立性はどのように判断されるべきであろうか。

　この点，【原則4－9．独立社外取締役の独立性判断基準および資質】において，取締役会は，金融商品取引所が定める独立性基準を踏まえ，独立社外取締役となる者の独立性をその実質面において担保することに主眼を置いた独立性判断基準を策定・開示すべきであるとされている（同原則第1文）。独立性基準と独立性判断基準の2つが重視される。また，取締役会は，取締役会における率直・活発で建設的な検討への貢献が期待できる人物を独立社外取締役の候補者として選定するよう努めるべきであるとする（同原則第2文）。

　このように社外役員（社外取締役や社外監査役）については，経営陣からの独立性が重要になる。そこで，まず会社法で一定の要件による独立性が求められている。社外取締役は，現在と就任の前10年間等において，その会社・子会社の業務執行取締役・執行役・支配人その他の使用人等であったことがない取締役である（同法2条15号）。親会社の取締役等も除外される。

　とはいえ，そうした形式的な基準だけでは十分とはいえない。そのため，東京証券取引所は「独立役員」制度を設けており，「上場管理等に関するガイドライン」において固有の独立性基準を定めている。独立社外取締役と独立社外監査役を併せて，独立社外役員ということもある。

会社法の関連テーマ：役員等の種類と取締役の区分

　会社法においては役員等という言葉がよく使われ，ガバナンス・コードもそれらを踏まえている。株式会社の機関設計によっても異なるが，株主総会で選任される主要な役員は，取締役，会計参与，監査役であり，役員等には会計監査人も含まれる（会社法329条1項）。その後，会社の機関設計に応じて取締役会等で代表取締役・（代表）執行役・各委員会の委員等が選定される（同法362条2項等）。

　また，会社に対して責任を負う役員等は主に，取締役，会計参与，監査役，執行役，会計監査人になる（会社法423条1項）。取締役には，監査等委員である者とそれ以外の者といった区分や，業務執行取締役という役職もある（同法329条2項等）。そうした役員等の意義や権限の内容等にも注意したい。

2 独立役員と各社の独立性判断基準

図表9−4	社外取締役と独立社外取締役の独立性の判断基準

```
┌─ 社外取締役 → 会社法で，その会社と子会社の10年間の勤務経験者等を除外
└─ 独立社外取締役 ─┬─ ①取引所の独立役員 → 主要な取引先・多額の報酬を得
                  │    ている専門家等も除外
                  └─ ②各社の独立性判断基準 → 主要・多額の具体的な基準
                       等を策定・開示
```

　独立役員とは，一般株主と利益相反が生じるおそれのない社外取締役または社外監査役であって（会社法2条15号・16号），会社法の社外役員（同法施行規則2条3項5号）に該当する者をいい，上場会社は，一般株主保護のため，独立役員を1名以上確保しなければならない（有価証券上場規程436条の2第1項）。上場会社には，独立役員届出書の提出が義務付けられ，その内容に変更が生じる場合には原則として2週間前までに変更内容を反映した独立役員届出書を提出することとされ，同届出書は公衆の縦覧に供されることになる（同条2項等）。また，独立役員の確保の状況については，ガバナンス報告書でも公表される（同規程204条12項1号，同施行規則211条4項6号）。

　東京証券取引所の独立性基準では，①その上場会社の主要な取引先や業務執行者（当会社を主要な取引先とする場合も含む），②役員報酬以外に多額の金銭その他の財産を得ているコンサルタント，会計専門家または法律専門家（法人等の団体ではその所属者），③最近①・②に該当していた者，④親会社の業務執行者等や兄弟会社の業務執行者（就任の前10年以内），⑤それらの者や子会社の業務執行者等の近親者（2親等以内の親族），が挙げられている（上場管理等に関するガイドラインⅢ5（3）の2等）。独立性基準に抵触する場合には，独立役員として届け出ることはできない。

　会社法の社外性の要件よりもさらに厳しく，主要な取引先やその業務執行者等が独立役員から広く除外されているところにポイントがある。基準が上乗せされていることになる。なお，「一般株主」とは，証券取引所の市場を通じた売買によって変動しうる株主のうち，個々の株主としては持分割合が少ないた

めに，単独では会社の経営に対する優位な影響力を持ち得ない株主をいう（少数株主等）。

　この点，ガバナンス・コードは前述のように取締役会に対し，金融商品取引所が定める独立性基準を踏まえ，独立社外取締役となる者の独立性を実質面において担保することに主眼を置いた独立性判断基準の策定と開示を求めている（【原則4－9】）。そのため，多くの上場各社ではそれぞれの基準を定めており，定量的な判断基準（具体的な数値）としては，役員報酬以外の多額の金銭については1000万円以上等，主要な取引先かどうかはその会社の属するグループの連結売上高の2％以上の支払を行ったものなどとしている例が見られる。

　また，定性的な判断基準として，会計監査人である監査法人に所属する者・出身者や相互就任・相互派遣の関係を挙げている会社も少なくない。結局，独立社外取締役とは，会社法の社外要件を満たしたうえで，さらに①証券取引所の独立性基準と②各社の独立性判断基準を充足した者になる。法定要件に自主ルールが上乗せされ，独立性が強化されている。

◇ ポイント：株主の種類や様々な区分 ◇

　ガバナンス・コードでは検討すべき状況により，様々な株主の種類が出てくる。支配株主（50％超の議決権を保有する親会社等）や主要株主（10％以上の議決権保有者等）のほか，大株主（上位10名の株主等）もある。情報開示等の手法を通じた，多数派の株主と少数派の株主との利害調整も重要になる。

　また，実質的な観点からは，アクティビスト（物言う株主），安定株主・長期保有株主，政策保有株主，従業員株主，投資ファンド等の区分もなされる。株式の大量保有者（5％超の議決権保有）や濫用的買収者といった株主の認定手法等も注目される。なお，投資者についても，銀行等の機関投資家（プロ）や一般投資者（アマ）等の違いも理解しておきたい。

---

③　独立役員届出書とは何か

　上場会社には，独立役員に関して記載した所定の「独立役員届出書」を証券取引所に提出することが義務付けられている（有価証券上場規程施行規則436条

の2第1項)。同届出書は証券取引所のホームページで，公衆の縦覧に供される。また，独立役員届出書の内容に変更を生じる場合には，原則として変更が生じる日の2週間前までに変更内容を反映した独立役員届出書を提出しなければならず，同様に公表され（同条2項），タイムリーに情報の更新が行われる。

　独立役員届出書には，その会社の独立役員の氏名や属性（例えば，過去に業務執行者や取引先であった者等），具体的な選任理由（会社経営や弁護士・公認会計士等の具体的な経験と識見等）等が記載されており，投資家は独立役員の状況を知ることができる。ガバナンス報告書とともに活用すると，有用である（ガバナンス報告書については，第1章第3節3を参照）。

◆ 検討課題

(1)　社外取締役の意義と活用方法について，検討しなさい。社外取締役を活用するための9つの視点（ステップ）とは何か。社外取締役の心得とは，どのようなものであろうか。

(2)　独立社外取締役とは，どのようなものかを論じなさい。独立社外取締役の役割や選任，実効性の確保等についてはどのようになるか。プライム市場上場会社では，どういった特則があるか。その独立性判断基準はどうなるか。

(3)　独立役員について，説明しなさい。独立性基準とは何か。独立役員届出書には，どういった情報が記載されているのか。実際に上場会社では，どのような独立性の判断基準を設けているのか。

第10章

指名委員会・報酬委員会等の活用

　本章は，指名委員会・報酬委員会等の活用について考えていく。ガバナンス・コードでは，法定のものはもとより，一定の独立性のある「任意の委員会」の活用が促進されており，その重要性はかなり高くなっている。統治機能の充実を図る趣旨による。独立した委員会の存在によって，会社に対する客観的な信頼性が向上する。

　特に上場会社が任意に設置する指名委員会や報酬委員会の役割がクローズアップされており，その活用方法を含め検討する必要性が大きい。指名委員会は社長等の選解任や後継者計画に関与するのに対し，報酬委員会はその報酬方針・報酬設計・具体的な報酬額等の検討を行う。委員会には，独立社外取締役の積極的な関与が求められている。

【設　例】────────────────────────────

　上場会社のＡ会社は，監査役会設置会社である。Ａ会社では，現在のところ法定の委員会はないが，任意の指名委員会や報酬委員会を置くべきかどうかについて検討している。

　そうした検討を行う際には，対外的な信頼性の確保と説明責任が重視される。Ａ会社が任意の委員会を設置することとした場合，独立社外取締役の人数と役割のほか，取締役会との関係も重要になる。指名委員会や報酬委員会の意義はどのようなものであろうか。

第1節　任意の委員会の設置と活用

図表10－1	上場会社（大会社・公開会社）の３つの機関設計（株主総会以外）

```
─①監査役会設置会社：代表取締役　←（監督）─取締役会・監査役会・会
　　　　　　　　　　　　　　　　　　　　　　　　計監査人
─②監査等委員会設置会社：代表取締役 ←（監督）─取締役会・監査等委員会・
　　　　　　　　　　　　　　　　　　　　　　　　会計監査人
─③指名委員会等設置会社：代表執行役 ←（監督）─取締役会・３つの委員会・
　　　　　　　　　　　　　　　　　　　　　　　　会計監査人
```

1　会社法の委員会の位置付け

　会社法において大規模な公開会社（上場会社等）には主に，３つの機関設計の選択肢が認められている（同法328条１項等）。現在，多くの上場会社は監査役会設置会社という機関設計を採用している（約７割）。監査役会（その半数以上は社外監査役）が組織的に経営陣の業務執行を監督する。

　それに対し，「２つの委員会型の会社」では，監査役会の代わりに，社外取締役を中心とする「委員会」が経営陣を監督する。第１に，監査等委員会設置会社があり，徐々に増えてきている。監査等委員会は，社外取締役が過半数からなる監督機関である。社外取締役の存在を重視するトレンドに合致する。

　第２に，指名委員会等設置会社というアメリカ型のパターンを任意に選択すると，大きな権限を有する（代表）執行役による経営に対して，取締役会とその内部の３つの委員会である，①指名委員会・②監査委員会・③報酬委員会が監督を行い，対外的な信頼性を高めている。指名委員会等設置会社における３つの委員会の設置は法定の義務であり，ワンセットとしてすべて設置される必要がある。この場合，会計監査人の監査は強制されるが，監査役を置いてはならない（会社法２条12号，327条４項・５項）。

　指名委員会等設置会社の各委員会は，３人以上の委員で組織される（会社法

400条1項）。委員は取締役のなかから取締役会の決議によって選定され，各委員会の委員の「過半数は社外取締役」でなければならない（同条2項・3項）。特に監査委員会の委員（監査委員）には，厳しい兼任禁止規制がある（会社法400条4項）。各委員会の運営については，取締役会と同様の招集・決議・議事録等に関する規定がある（同法410条〜413条）。

［2］　任意の委員会の設置

⑴　任意の仕組みの活用

　委員会には，任意と法定の2つの区分がある。上述した指名委員会等設置会社では法定の3つの委員会があるのに対し，多くの上場会社が採用する監査役会設置会社では委員会の設置は義務付けられておらず，監査等委員会設置会社においても指名委員会や報酬委員会の設置は求められていない（監査等委員会のみが法定）。とはいえ，ガバナンス・コード等の要請もあり，法定の委員会ではない「任意の委員会」を設ける会社が増えている。

　ガバナンス・コードの【原則4−10. 任意の仕組みの活用】によれば，上場会社は，会社法が定める会社の機関設計のうち会社の特性に応じて最も適切な形態を採用するに当たり，必要に応じて任意の仕組みを活用することにより，統治機能のさらなる充実を図るべきであるとされている。任意の仕組みの活用により，「統治機能の充実」を促進するものである。

　【原則4−10】の趣旨は，実効的なコーポレート・ガバナンスを実現するには，法令で要求される必要最小限の対応を行うだけでは十分ではなく，各上場会社において創意工夫を施すことにより，各機関の機能を実質的かつ十分に発揮させることが重要と考えることにある。前述のように会社法上は3つの機関設計の選択が認められているが，こうしたガバナンス・コードの原則の趣旨はいずれの機関設計を採用する場合であっても同様になる。「2つの委員会型の会社」の特徴について，特に留意しておきたい。

⑵　独立した指名委員会・報酬委員会と統治機能の充実

図表10−2	指名委員会・報酬委員会の独立性の確保

取締役会（監査役会や監査等委員会の設置会社）
↑　指名・報酬等に関与・助言：独立性・客観性・説明責任の強化
指名委員会・報酬委員会→主要な構成員は独立社外取締役
└→プライム市場上場会社では過半数は独立社外取締役等

　【原則4−10】を受けて，【補充原則4−10①】は，上場会社が監査役会設置会社または監査等委員会設置会社であって，独立社外取締役が取締役会の過半数に達していない場合には，経営陣幹部・取締役の指名（後継者計画を含む）・報酬などに係る取締役会の機能の独立性・客観性と説明責任を強化するため，取締役会の下に独立社外取締役を主要な構成員とする独立した指名委員会・報酬委員会を設置することにより，指名や報酬などの特に重要な事項に関する検討に当たり，ジェンダー等の多様性やスキルの観点を含め，これらの委員会の適切な関与・助言を得るべきであるとする（同補充原則前段）。そして，特に，プライム市場上場会社は，各委員会の構成員の過半数を独立社外取締役とすることを基本とし，その委員会構成の独立性に関する考え方・権限・役割等を開示すべきであるとしている（同補充原則後段）。

　なぜ任意の独立した「指名委員会・報酬委員会」の設置が求められるのであろうか。統治機能の充実という観点からは，取締役会による取締役候補者の指名や各取締役の報酬決定等といった，会社と取締役との利益相反が生じうる局面において，取締役会の判断の独立性と客観性を確保すべく，独立社外取締役の積極的な関与を可能とするための工夫を講じる必要がある。

　また，①経営陣（特に社長・CEO）の選任・解任および②経営陣に対し適切なインセンティブを与える報酬制度の設計・運用は，企業にとって重要な戦略的意思決定であることから，任意の指名委員会・報酬委員会の活用により，そのプロセスに関して独立性・客観性と説明責任を強化することが要請されている。取締役会のみならず，経営陣についても多様な視点や価値観を備えることが重要になる。なお，監査役の人事や報酬等への関与もありうる。

⑶　任意の委員会の要件

　任意の委員会については，一定の要件を満たすことが求められている。ガバナンス・コードの【補充原則4−10①】における任意の委員会の要件は，独立社外取締役を主要な構成員（メンバー）とすることであり，わが国を代表する優良な企業と位置付けられるプライム市場上場会社では構成員の過半数を独立社外取締役とすることが基本とされている。後者においては「基本」と表現されているので，独立社外取締役が過半数の場合には必ずしも限られないが，各社において必要と考える独立性が確保されているかという観点から，適切に判断することが求められている。

　各社において独立社外取締役が過半数を構成する場合以外に必要な独立性が確保されていると考えるときは，当該上場会社の委員会構成の独立性に関する考え方の開示により投資家にわかりやすく説明されることが重要とされ，投資家との建設的な対話を通じて理解を得るよう努めることが望まれている。そこで，各社の状況に応じて，委員会の委員長を独立社外取締役とすることによりその独立性を担保することもありえるほか，社外監査役を委員会の構成員に含める場合も考えられる。

　さらに，実際にこうした委員会にいかなる役割や権限が付与され，どのような活動が行われているかが開示されていない場合も多いとの指摘を受けて，後述のような情報開示が求められている。特にプライム市場上場会社にはその「委員会構成の独立性に関する考え方（独立社外取締役が過半数でない場合の独立性の考え方等）・権限・役割（決定権限の有無や範囲）等」の開示が要請されている。

　また，ガバナンス・コードの要請を受けて，指名委員会等設置会社以外の会社においても，独立社外取締役を（主要な）構成員とする任意の委員会を設置し，そこから意見を得ることにより独立社外取締役の関与を強めている例が増えている。指名委員会や報酬委員会が代表例となる。【補充原則4−10①】は，こうした実務が従来以上に取締役会の独立性と客観性の強化に寄与する仕組みとなり，その定着が図られていくことを期待するものである。指名ガバナンスや報酬ガバナンスともいわれる。

3 各会社の委員会の設置等の状況

(1) 任意の委員会の設計等

　任意の委員会の設計や名称には，各上場会社の状況等に応じて様々なバリエーションがある。指名委員会または報酬委員会の一方のみを設置している会社や，両方を合わせた報酬・指名委員会を設置している会社のほか，ガバナンスに関連する他の重要事項を一体として議論するガバナンス委員会等の名称の委員会を設置している会社も見られる。諮問委員会としている会社もある。

　経済産業省の「コーポレート・ガバナンス・システムに関する実務指針（CGSガイドライン）」は，こうした委員会の構成について，社外取締役が務めることを原則としたうえで，①社外役員が少なくとも過半数であるか，または②社外役員とそれ以外の役員が同数であっても委員長が社外役員であることを検討すべきとしている。そして，取締役会の実効性評価の一環として，委員会の構成，諮問対象者・諮問事項，審議・運営の在り方を含めて，取締役会と委員会とが一体として実効的に機能しているかについても評価を行い，その結果を踏まえて必要な改善を実施することで，委員会の実効性を高めていくことも望まれている（第11章第2節も参照）。

(2) 取締役会と指名・報酬委員会の活動状況の開示

　取締役会と指名委員会・報酬委員会（法定・任意を含む）の活動状況は，どのように知ることができるのであろうか。この点，ガバナンス報告書において，一定の情報の開示が望まれており，重要な意義を持つ。

　取締役会の活動状況については，①開催頻度，②主な検討事項，③個々の役員の出席状況（出席率）等である。さらに，取締役会以外にも，それぞれの概要（役割・構成メンバー等）や活動状況の開示には，法定の指名委員会・報酬委員会や監査役会等のほか，任意の諮問委員会や経営会議・執行委員会等といった各種の組織も含まれている点にも注意を要する。

　各種の委員会を設置している場合は，構成委員の概要（常勤委員，社内取締役，社外取締役等），選定方法，選定理由および役割，委員長（議長）の属性，委員会の活動状況，事務局等の設置状況やその規模等についての記載が望まれてい

る。会社法上の事業報告や金融商品取引法上の有価証券報告書においても，役員報酬の規制に関する報酬委員会の設置や活動内容等を中心に，具体的な情報開示が進められている（後述）。

　現状では，任意の指名委員会・報酬委員会については，１年に２回程度の開催が多く，その委員長を社外取締役とする会社は５割程度であり，開催回数の充実や委員長の独立性等が課題となっている。会社法上の主な情報開示書類である事業報告でも，公開会社では社外役員の主な活動状況として取締役会への出席状況や発言等の記載が求められているが（会社法施行規則124条１項４号），取締役会や各種の委員会等に関する活動状況の情報開示の充実には課題も多い。近時は会社法の改正等も受けて，事業報告の積極的な活用が重視されており，今後のガバナンス・コードやガバナンス報告書による情報開示の影響も注目される。

⑶　委員会の運営と委員長等

　委員会の運営に際しては一般的に，委員長が置かれる。委員長は，①委員会の議事を進行する役割，②委員会の答申内容を取締役会へ説明する役割，③委員会の事務局と協議する役割等を担う。委員長は独立社外取締役が務めることも多い。また，報酬委員会と指名委員会は密接に関係する部分があり，その連携も重要になる。なお，常勤委員として，他に常勤の仕事がなく，会社の営業時間中原則として当該会社の各種委員会の職務に専念する者を置くことも有用である。

　さらに，委員会が実効的に機能するためには，委員会の下に事務局を設けることも検討されうる。特に委員会の中心が社外取締役等である場合，社内者の協力が欠かせない。委員会の運営に当たっては，社内者が委員会に関与し，委員会の運営や，議論の前提となる資料の収集等の準備作業，原案の作成，委員会への情報提供，委員会の意見の取りまとめの補助等を行うことが必要になる。委員会の事務的な作業について，社内のどの部署が担当するかという点は，コーポレート・ガバナンス対応の一元的な対応部署の設置の検討とも併せて検討することもありうる。

第2節　指名委員会

| 図表10-3 | 指名委員会の意義と役割 |

指名委員会の関与・助言等 ──── ①社長・CEO 等の選任や解任等
　└→独立社外取締役等 ──── ②後継者計画

1　指名委員会の意義

　ガバナンス・コードにおいては前述のように，任意の指名委員会の設置が重視されている（【原則4-10】）。【補充原則4-10①】によれば，指名委員会は主に，①経営陣幹部・取締役の指名に加え，②その前提となる後継者計画の策定・運用について独立した客観的な立場から主体的に関与・助言を行う。

　また，前述した【補充原則4-3③】はCEOを解任するための客観性・適時性・透明性のある手続を確立すべきであるとし，同コードを補完する，コーポレート・ガバナンス・システムに関する実務指針（以下，「CGSガイドライン」という）では，企業の経営のトップに立つ社長・CEOの選解任について，指名委員会への諮問対象に含めることを検討すべきであるとしている。

　そこで，指名委員会には社長・CEOの選任（選定）だけではなく，解任（解職）についての関与が重視されていると考えられる。社長・CEOは，企業の経営トップに立つ者を指し，経営陣は企業の経営判断を担う社長・CEOのほか，業務執行取締役，執行役，執行役員その他重要な使用人をいう。

　これに関し，対話ガイドラインでは，［3.CEOの選解任・取締役会の機能発揮等］の【CEOの選解任・育成等】の項目において【3-1】では，持続的な成長と中長期的な企業価値の向上に向けて，経営環境の変化に対応した果断な経営判断を行うことができるCEO（社長等）を選任するため，CEOに求められる資質について，確立された考え方があるかが挙げられている。また，【3-2】においては，客観性・適時性・透明性ある手続により，十分な時間と資源をかけて，資質を備えたCEOが選任されているかという点のほか，こうし

た手続を実効的なものとするために，独立した指名委員会が必要な権限を備え，活用されているかが，【3－4】では，会社の業績等の適切な評価を踏まえ，CEO がその機能を十分発揮していないと認められる場合に，CEO を解任するための客観性・適時性・透明性ある手続が確立されているかも重視されている。なお，【3－3】としては，CEO の後継者計画の適切な策定・運用等が挙げられている（後述の後継者計画の項目を参照）。

会社法の関連テーマ：社長・CEO の選定等の権限

　会社法において指名委員会等設置会社では，指名委員会の設置が義務付けられており，法定の指名委員会が，株主総会に提出する「取締役（および会計参与）」の選任・解任に関する議案の内容を決定する権限を持つ（同法404条1項。決定権）。監督の充実を図るものである。指名委員会の決定議案について，取締役会による否決・修正・変更等は許されない（同法416条4項5号かっこ書）。

　ただ，社長・CEO（代表執行役）の選定等の権限は取締役会にあり，指名委員会にはないため，法定の指名委員会に任意に諮問する方法のほか，任意の委員会を別途設ける方法も選択肢になりうる（指名委員でない社外取締役も含めた社外取締役全員で構成する任意の委員会等）。また，会社法上，監査役会設置会社・監査等委員会設置会社では，法定の指名委員会の設置は義務付けられていないため，任意の委員会になる。

2　社長・CEO 等の選任等

　会社法上，社長・CEO になる「代表取締役や代表執行役」についての選定・解職の権限は，取締役会にある（同法362条2項3号，399条の13第1項3号，420条1項）。これに関し，前述の CGS ガイドラインでは，社長・CEO 等の選解任に加え，社外取締役の選解任等についても，指名委員会の諮問対象に含めることを検討すべきであるとされている。そのほか，業務執行取締役や執行役員（重要な使用人等）を対象に含める企業も少なくない。こうしたことから，指名委員会等設置会社であっても前記の法定の指名委員会のほかに，別にそうした人事を広く検討する委員会を任意に設けるなどの工夫があってもよい。

　実際に，任意で設置される指名委員会はどのような役割を担うのであろうか。あくまでも任意の設置であるため，基本的には各社の自主的な工夫が求められている。例えば，指名委員会には決定権はなく，諮問に対して答申をするのみである企業や，決定権はないものの，取締役会は指名委員会の決定を尊重するとしている企業のほか，審議の詳細な内容を取締役会に報告するといった企業もある。

　社長・CEO の解職を諮問対象とするうえで，CGS ガイドラインは，社長・CEO の解職基準（解職の要否について議論を始める契機となる基準。財務的な目標等）を平時から設けていくことを検討すべきであるとしている。そうした解職はガバナンス機能を発揮させる最も重要な局面となるため，指名委員会の社外取締役委員（特に指名委員長）が委員会の招集や取締役会への発議等といった主導的な役割を果たすことが期待されている。特に大規模な企業不祥事の発生や著しい業績悪化等，現在の社長・CEO ら経営陣への信頼・信認が失われているような例外的な場合においては，社外者を中心に指名委員会がより主体的にプロセスを主導していくことも求められうる。

＜ ポイント：指名委員会と報酬委員会の関係 ＞

　指名委員会と報酬委員会の関係はどう考えられるであろうか。CGS ガイドラインでは，社長・CEO の選定・解職や再任の適否の判断と，社長等の報酬の決定については，いずれもその前提として社長等の評価が必要となり，共通する部分も多いため，2 つの委員会の間で緊密な連携を図ることも重要であるとしている（ひとつの委員会が両方の機能を兼ねることも可能）。

　社長・CEO の評価をするうえで，社長等に問題があると認められる場合はどうすべきであろうか。その場合でも，指名委員会ですぐに解任・不再任という厳格な選択をする前に，報酬委員会における評価や報酬の減額を通じて，経営の改善に取り組むようにシグナルを発することも考えられる。

3 　後継者計画とは何か

(1)　後継者計画の意義と指名委員会の関与

　指名委員会のもうひとつの大きな役割が，後継者計画（サクセッション・プラン）への関与や助言等である。経営トップである社長・CEO の交代と後継者の指名は企業価値を大きく左右するきわめて重要な意思決定になるが，従来わが国では後継者の選任は社長等の専権事項とされることが多かった。

　この点，客観性や透明性の高いプロセスにより，最適なタイミングで最適な後継者に社長・CEO を交代することが重要になる。そのため，欧米諸国の例等を踏まえ，後継者計画の適切な策定・運用と指名委員会の関与がガバナンス・コード等では重視されるようになっている。

　会社法に定めはないが，ガバナンス・コードの【補充原則 4 − 10①】によれば，後継者計画の決定自体や第一義的な監督は取締役会の役割であると考えられており，通常その策定・運用は社長等が行う。この点，対話ガイドラインの【3 − 3】では，CEO の後継者計画が適切に策定・運用され，後継者候補の育成（必要に応じ，社外の人材を選定することも含む）が，十分な時間と資源をかけて計画的に行われているかが挙げられている。

(2)　後継者計画の基本ステップ

　後継者計画について，法定の定義規定や作成等に関するルールはない。この点，CGS ガイドラインにおいては後継者計画に関し，以下のような基本ステップが提示され，実務上参照されており，重要な意義を持つ。それは 7 つからなる。第 1 に，後継者計画のロードマップの立案である。社長・CEO の次回の交代時期に向けた実施事項が検討される。第 2 に，「あるべき社長・CEO 像」と評価基準の策定になる。全体的な後継者計画等が策定される。

　第 3 は，後継者候補の選出であり，第 4 に，育成計画の策定・実施がなされる。具体的な育成計画としては，例えば，困難な課題の付与や外部専門家によるコーチング等も考えられる。困難な課題は「タフ・アサインメント」ともいわれ，グループ会社等の経営経験，本社経験，海外子会社の責任者の経験，異業種の経験等が挙げられている。

　第5に，後継者候補の評価，絞込み・入替えである。その際には，本人との面談や360度評価，従業員による意識調査等も有用になる。第6に，最終候補者に対する評価と後継者の指名である。第7に，指名後のサポートも重要になる。7つのステップは最初からすべての仕組みを構築しなくても，まずはできるところから取り組んでいくことが推奨されている。

　こうした後継者計画の時間軸には，①見極め・選定と②育成の2つの要素がある。スキル・マトリックスの活用等もありうる。なお，適切な監督のため，後継者計画の重要事項は言語化・文書化が求められているが，外部への情報の開示は必要とされていない。

第3節　報酬委員会

図表10-4	報酬委員会の意義と役割

報酬委員会の関与・助言等 ── ①社長・CEO 等の報酬の方針・制度設計等
　└→ 独立社外取締役等 ── ②具体的な報酬額の検討や決定

1 報酬委員会の意義

　報酬委員会とは，何をするのであろうか。報酬委員会は，社長・CEO 等の報酬を検討するものになる。ガバナンス・コードでは，「任意の報酬委員会の設置」が重視されており，独立した客観性のある立場からそうした報酬の検討に適切に関与し，助言をすることになる（【原則4-10】，【補充原則4-10①】）。そこで，①報酬の検討への関与と②助言の2点が報酬委員会の主な役割であるが，各会社の状況に応じた設計がありうる。

　これまでわが国では取締役の個別報酬額の決定については，代表取締役に一任する方式が多く見られてきた。しかし，役員報酬のトップ一任に対しては機関投資家等から批判も強くなっており，令和元年の会社法改正でも上場会社等を対象に取締役の個別報酬の決定方針の策定や，そうした決定方針・委任内容等について事業報告による一定の開示が求められている（同法361条7項，会社

法施行規則121条6号の2・3等）。金融商品取引法上の有価証券報告書等でも役員の報酬等の決定プロセスに関与する委員会等が存在する場合には，その手続の概要や取締役会と委員会等の活動内容の記載が必要になる（同法24条1項，企業内容等の開示に関する内閣府令第2号様式記載上の注意（57）等）。

　「任意の報酬委員会」は，会社法上設置が義務付けられていない監査役（会）設置会社や監査等委員会設置会社に設置が求められることになる。ただ，指名委員会等設置会社でも報酬委員会の検討の在り方（執行役等以外の報酬の検討の是非等）については，会社法に詳しい規定はない。

　この点，対話ガイドライン【3-5】の【経営陣の報酬決定】では，経営陣の報酬制度を，持続的な成長と中長期的な企業価値の向上に向けた健全なインセンティブとして機能するよう設計し，適切に具体的な報酬額を決定するための客観性・透明性ある手続が確立されているかや，こうした手続を実効的なものとするために，独立した報酬委員会が必要な権限を備え，活用されているか，また，報酬制度や具体的な報酬額の適切性が，わかりやすく説明されているかが挙げられており，「独立した報酬委員会」の役割が重視されていることがわかる。以下では，報酬委員会の役割について，任意の委員会の場合と法定の委員会の場合を含め，その役割や検討の内容を考えていくことにする。なお，欧米諸国では，株主が株主総会で役員報酬への賛否を表明する「セイ・オン・ペイ」ないし「セイ・オン・パフォーマンス」という仕組みも普及しており，わが国でも将来の導入が議論されている。

会社法の関連テーマ：法定の指名委員会・報酬委員会の意義と役割

　指名委員会等設置会社の場合，①指名委員会・②監査委員会・③報酬委員会という3つの委員会の設置が義務付けられている。各委員会の委員は取締役のなかから取締役会の決議で選定され，その過半数は社外取締役になる（会社法400条1項〜3項）。まず指名委員会は，株主総会に提出する「取締役の選任および解任に関する議案の内容」を最終的に決定する権限を持つ（同法404条1項）。

　次に，報酬委員会は，「執行役・取締役等の個人別の報酬等の内容」を最終的に決定する（会社法404条3項）。その後，修正や変更はできない。報酬委員会は，執行役等の個人別の報酬等の内容に係る決定に関する方針（「報酬の決定方針」という）を定めなければならない（同法409条1項）。その方針に従って報酬等の

種類（確定額・非金銭等）ごとに個人別の額，具体的な算定方法や内容等を決定する（同条2項・3項）。そして，監査委員会は執行役等の職務執行の監査等を行い，監査役等とほぼ同様の役割を担う。

2 報酬委員会の役割

(1) 報酬方針・報酬制度の設計の検討等

報酬委員会は，社長・CEO等の報酬を検討する際に，2つの事項を考える必要がある。①報酬方針・報酬制度の設計と，②報酬制度に基づく具体的な報酬額の検討や決定である。第1に，①においては「報酬政策」として，経営戦略上の経営者報酬の活用方針・方策を考えることが求められ，その際には，報酬政策を実現するための具体的な報酬の設計や，経営指標（KPI）の設定等の「報酬設計」が検討されることになる。

そして，報酬方針・報酬制度の設計に当たっては，①経営陣の報酬を取り巻く状況の整理（情報収集），②経営戦略等から導かれる目標の設定が必要になる。そのうえで，③そうした目標達成に向けたインセンティブの合理性の検討（報酬ミックスの検討），④報酬の金額水準の妥当性の検討，⑤対象者から理解を得られるような説明の実施，⑥対外的な情報提供に関する検討，が行われる。

(2) 具体的な報酬額の検討等

第2に，社長等の報酬を検討するなかで，報酬制度に基づく具体的な報酬額を決定する際には，①対象者の業績評価や，②業績評価に基づく報酬額の決定（当てはめ），がなされることになる。株主に対する説明の視点と経営陣に対するインセンティブの視点の適切なバランスが重視される。

そこでは，①自社における社長・CEOの役割・権限，②報酬水準，③固定報酬・業績連動報酬・自社株報酬の構成割合，④業績連動報酬の設計・仕組み（例えば，連動させる経営指標，経営経験において目標とした経営指標との関係，連動させる程度，業績目標等），⑤自社株報酬の設計・仕組み（例えば，株式交付のタイミング，譲渡制限期間・業績条件の設定の有無，インセンティブ機能等），⑥リスク管理メカニズムの仕組み（例えば，クローバック条項等といった過度なリス

クテイクを助長しないための仕組み等）が議論の対象になる。特にクローバック条項（不正等があった際の報酬の不支給や返還等）を株主総会の決議により定めることは一般的になってきており，実務上注目される。

　報酬委員会の審議において社外取締役が適切に関与・助言することは，報酬制度に係る経営判断の合理性を裏付けるものであり，対外的な説明責任の一助にもなりうる。そのような趣旨からは，①審議すべき事項の包括性，②判断材料（報酬関連情報）の十分性，審議時間（開催回数や委員会１回当たりの時間）の十分性等を考慮して運用することが求められる。報酬委員会には決定権はなく，取締役会の諮問に対して答申をするのみである企業のほか，決定権はないが，取締役会は報酬委員会の決定を尊重すると定める企業や，審議の詳細な内容を取締役会に報告することを求める企業も見られる。

会社法の関連テーマ：取締役の報酬等の規制

　会社法においては，取締役の報酬等については，定款または株主総会の決議によって定めることとされ，その定めや改定の際には理由の説明が必要になる（会社法361条１項以下）。「報酬等」には，確定額や株式報酬等も含まれる。新株予約権を用いたストック・オプション（自社株購入権）も増えている。

　役員報酬の規制においては，お手盛りの弊害防止の趣旨に加え，経営上のインセンティブ機能も重視されるようになっている。上場会社等では，取締役の個人別の報酬等の決定方針を定める必要があり（会社法361条７項），その概要等は事業報告に記載される（会社法施行規則121条６号）。他方，金融商品取引法上の有価証券報告書においても，役員報酬の情報開示はかなり拡充されており，報酬決定方針や業績連動報酬を含む非金銭報酬等の報酬実績，報酬決定プロセス（委員会等の手続や活動内容等）の記載が求められている（同法24条１項等）。

◆　検討課題

(1)　上場会社に対し，「任意の委員会」の設置が求められているのは，どのような理由によるものか。会社法上の監査役会設置会社や２つの委員会型の会社において求められる機関設計との関係はどうなるか。

(2)　指名委員会の意義と役割について，説明しなさい。社長等の選任と解任は

どのように扱われるか。後継者計画の基本ステップやタフ・アサインメント
とは，どのようなものか。

(3) 報酬委員会の意義と役割について，検討しなさい。報酬委員会は，具体的
にどのようなことを検討するのか。インセンティブ報酬とは何か。

第11章

取締役会と監査役会の実効性

　この章は，取締役会と監査役会の実効性の確保・向上に関する問題等を取り上げる。いずれも会社のガバナンスを担う重要な機関である。特に取締役会は経営を担う中枢になるため，企業不祥事等の社会的事件が増えるなか，取締役会の実効性や信頼性の向上については市場関係者からの注目度が高い。

　取締役のスキルの開示のほか（スキル・マトリックス等），取締役会の多様性・規模の適正性等といった要素が重要になる。役員には，継続的な知識の習得等のトレーニングも求められる。取締役会の実効性については，定期的な分析・評価の開示も要請される。なお，監査役の経験・能力や専門知識の保持等も重視されている。

【設　例】────────────────────────

　上場会社であるＡ会社は，会社の機関として取締役会と監査役会を置き，経営とその監督を担っている。とはいえ，実際のところ，Ａ会社の取締役会や監査役会が適切に機能しているのかどうかについては，社内でも懸念が指摘されている。

　そのため，Ａ会社では，ガバナンスの向上が重要な課題であるといった問題意識も強い。取締役会や監査役会の実効性を高めるためには，どのようなことが求められているのであろうか。ダイバーシティ（多様性）やスキルの開示とは，どのようなものか。

第1節　取締役会の多様性とスキルの開示等

図表11－1	取締役会と監査役会の実効性の向上（原則4－11）

```
取締役会 ──┬─①知識・経験・能力のバランス→多様性と適正規模を重視
          ├─②監査役→適切な経験・能力や財務・会計・法務の知識保持
     │    └─③実効性に関する分析・評価の実施→機能の向上
     ↓
実効性の向上
```

1 取締役会の多様性と適正規模の両立

(1) 取締役会等の前提条件

　取締役会は会社の経営機構の中心である。近時，様々な企業不祥事においても，一部の企業の取締役会の形骸化や無機能化等が指摘された。そうした点も踏まえ，理論的な側面のみならず，実務上の観点からも，取締役会の機能の実効性の確保が社会から求められているということができる。

　これに関し，ガバナンス・コードの【原則4－11. 取締役会・監査役会の実効性確保のための前提条件】の第1文は，取締役会は，その役割・責務を実効的に果たすための知識・経験・能力を全体としてバランス良く備え，ジェンダーや国際性，職歴，年齢の面を含む多様性と適正規模を両立させる形で構成されるべきであるとしている。

　こうした【原則4－11】の趣旨はどこにあるのであろうか。取締役会のバランスや多様性，適正規模に関する考え方が上場会社においてあらかじめ定まっていることは，その構成員たる取締役の指名・選任を適切に行い，ひいては取締役会の実効性の前提条件になる。そして，急速な社会のデジタル化等といった経営環境が不連続に変化するなかで，取締役会はCEO（社長等）をはじめとする経営者による迅速・果断なリスクテイクを支え，重要な意思決定を行うとともに，実効性の高い監督を行うことが求められていることにもよる。

　取締役会がその機能を適切に発揮していく観点からは，会社の事業・ステー

ジ，経営環境や経営課題に応じて，取締役会において中長期的な経営の方向性
や事業戦略に照らして必要なスキルが全体として確保されることは重要性が大
きい。そこで，取締役会が適切な知識・経験・能力をバランス良く備え，多様
性と適正規模を両立していくことが求められているのである。

(2)　取締役会の機能発揮と対話ガイドライン

　この点，対話ガイドラインでも，【取締役会の機能発揮】として，2つの点
でその明確化が図られている。第1に，取締役会が，持続的な成長と中長期的
な企業価値の向上に向けて，適切な知識・経験・能力を全体として備え，ジェ
ンダーや国際性，職歴，年齢の面を含む多様性を十分に確保した形で構成され
ているかであり，第2に，その際，取締役として女性が選任されているかも問
われる（対話ガイドライン3−6）。特に女性の選任が重視される。

　同一の価値観に基づく均質的な組織には，同調圧力から不合理な意思決定が
容認される状況に陥る懸念もあり，「多様性」の確保は取締役会のモニタリン
グ機能やリスク管理能力の向上の観点からきわめて重視されうる。なお，多様
性として，ガバナンス・コード等ではジェンダーや国際性等が例示されている
が，それらはあくまでも例示であり，各社の状況に応じて判断され，独立性や
在任期間等も多様性の要素になる。

(3)　取締役のスキルの特定と開示

　この原則の【補充原則4−11①】の第1文においては，取締役会は，経営戦
略に照らして自らが備えるべきスキル等を特定したうえで，取締役会の全体と
しての知識・経験・能力のバランス，多様性および規模に関する考え方を定め，
各取締役の知識・経験・能力等を一覧化したいわゆるスキル・マトリックスを
はじめ，経営環境や事業特性等に応じた適切な形で取締役の有するスキル等の
組み合わせを取締役の選任に関する方針・手続と併せて開示すべきであるとさ
れている。ここでいう「取締役の選任に関する方針・手続」は，【原則3−1.
情報開示の充実】の（iv）に掲げられている「方針と手続」を指しており，そ
れらの開示の方法として，一体のものとしてひとまとまりで開示するか否か等
は，各上場会社の判断に委ねられている。

　また，【補充原則4－11①】の第2文は，その際，独立社外取締役には，他社での経営経験を有する者を含めるべきであるとしている。「他社での経営経験を有する者」の解釈については，各企業における適切な判断に委ねられるが，単に他社での経営経験を有していれば足りるということではなく，適切な資質等を有する人物を選任すべきことが求められる。そのため，投資者に対し，①取締役会が全体としてどのような知識・経験・能力などを備えるべきか，また，②それらが必要と考える理由（経営環境や経営課題の解決と関連付けた説明が望まれる）について，開示することが必要とされる。開示原則になる。

(4)　取締役会の多様性に関する考え方等の開示内容

　【補充原則4－11①】によるガバナンス報告書における開示事項は，2点からなる。第1に，取締役会の全体としての知識・経験・能力のバランス，多様性および規模に関する考え方であり，具体的な開示内容等としては経営戦略に照らして自社の取締役会が備えるべき知識・経験・能力の内容，多様性や規模に関する考え方が挙げられている。

　第2に，取締役の有するスキル等の組み合わせであり，具体的な開示内容等はそうした考え方を踏まえた，社内・社外取締役の知識・経験・能力等になる。多様性の確保に向けた具体的な目標・取組等の開示や，スキル・マトリックスの活用によるわかりやすい説明も望まれている。もっとも，スキル・マトリックスは例示とされ，それ以外の方法でもよい。なお，スキル等の開示の対象には，取締役（社内・社外）に加え，監査を通じてリスクマネジメント機能を担う監査役を含める企業が少なくなく，執行役員も対象とする企業もある。

　　＜ポイント：スキル・マトリックスとは何か＞

　経営者の能力等のスキルを知ることは，重要な企業情報のひとつである。そのため，ガバナンス・コードを受けて，スキル・マトリックスの作成・開示情報がビジネスシーンで注目を集めており，株主総会の招集通知に掲載する企業も増えつつある。スキル・マトリックスとは，各取締役の知識・経験・能力等を一覧表形式にした開示手法であり，欧米では普及している。顔写真も含めることが多く，わかりやすい。対象者の範囲，様式，スキルの項目等の明確なルールはない。
　この点，具体的なスキルは，企業経営，財務・会計，法務・コンプライアンス，

グローバル，IT・デジタル等の項目が多い。スキル・マトリックスの作成や検討に当たっては，自社の事業戦略に沿って備えるべきスキル等を特定したうえで，取締役の保持するスキル等を評価し，スキル・ギャップの分析等も行っていく。評価の際には，指名委員会や第三者機関等が関与することも考えられる。なお，その背景や理由等の説明が重視されており，スキル項目ごとの説明を付すスキル・サマリーの併用もありうる。

2 監査役の財務・会計に関する知見等

【原則4-11】の第2文は，監査役には，適切な経験・能力および必要な財務・会計・法務に関する知識を有する者が選任されるべきであり，特に，財務・会計に関する十分な知見を有している者が1名以上選任されるべきであるとする。監査役は取締役等に対するチェック機能を有しており，その機能の発揮のためにも適切な経験・能力・知識の保持が重視される。

　ここでは，とりわけ財務・会計に関する十分な知見を「就任する時点において」有している1名以上の監査役の選任が求められている。こうした「知見」の内容については，監査役が会計監査人に監査を適切に実施させ，その監査の方法・結果の相当性を判断する際に役立つものであることが必要になる。そのような趣旨から，知見の内容には会計監査の実務に関するある程度の経験を積んでいる場合等も含まれ，その選任も公認会計士等の資格を有する場合に限定されないものと解される。

　この点，対話ガイドラインでは，監査役については，適切な経験・能力および必要な財務・会計・法務に関する知識を有する人材が，監査役会の同意をはじめとする適切な手続を経て選任されているかが挙げられている（対話ガイドライン3-10）。ガバナンス・コードを踏まえつつ，監査役会の同意等の適切な選任手続が重要になる。なお，会社法において公開会社の事業報告では，会社役員のうち監査役，監査等委員・監査委員が財務および会計に関する相当程度の知見を有している場合はその事実の記載が求められており（会社法施行規則121条9号），金融商品取引法上の有価証券報告書でもほぼ同様の記載が必要になる（同法24条1項等）。

③ 取締役等の他社の役員兼任状況の開示

【補充原則4-11②】においては，社外取締役・社外監査役をはじめ，取締役・監査役は，その役割・責務を適切に果たすために必要となる時間・労力を取締役・監査役の業務に振り向けるべきであるとされている（同補充原則第1文）。こうした観点から，例えば，取締役・監査役が他の上場会社の役員を兼任する場合には，その数は合理的な範囲にとどめるべきであり，上場会社は，その兼任状況を毎年開示すべきであるとされている（同補充原則第2文）。

こうした取締役・監査役の兼任状況に関する補充原則の趣旨は，どのようなところにあるのか。取締役等がその役割・責務を適切に果たすためには，十分な時間と労力を確保することが重要になるため，他社の役員との兼任を合理的な範囲にとどめることを要請するものである。「合理的な範囲」については，一律に数値基準を置く代わりに，その解釈を当該取締役・監査役の良識に委ねる手法がとられており，各社が実質的に判断することが期待されている。

特に社外役員1人当たりの兼任社数ないし兼職社数が多いと，その役割・責務を適切に果たすための時間・労力が分散し，定量的には取締役会への出席率の低下として表れていく。独立性や実質的な稼働状況が懸念される。そのため，社外役員の兼任数を限定し，自社での活動に可能な限り集中してもらい，その経験や知識を経営に生かしていこうとする会社も見られるほか，議決権行使助言会社も兼任数の多い役員の選任については，株主総会での反対投票を推奨している。近時では社外役員に期待される役割に応じて実務的な負担は増加しており（取締役会や各種の委員会・社内イベント等への出席，株主との対話への対応等），兼任状況の開示は株主が取締役・監査役を評価するうえでの重要な判断材料になるわけである。

こうした趣旨から，株主・投資者が取締役等の兼任の状況を把握できるよう，ガバナンス報告書において就任先の会社名，役職等の情報の開示が求められている。会社法上も公開会社の事業報告では，会社役員の重要な兼職の状況の記載が必要になる（同法施行規則121条8号）。

第2節　取締役会の実効性の評価と評価結果の開示

1　取締役会の実効性の評価

⑴　実効性評価の意義

　ガバナンス・コードの【原則4-11】の第3文においては，取締役会は，取締役会全体としての実効性に関する分析・評価を行うことなどにより，その機能の向上を図るべきであるとされる。取締役会の実効性評価（Board Evaluation）といわれる。なぜ取締役会には，実効性の分析や評価が求められているのであろうか。取締役会がその役割・責務を実効的に果たすためには，個々の取締役や取締役会全体が適切に機能しているか，その構成や運営の状況等を定期的に検証し，課題を抽出することで「①問題点の改善や②強みの強化」等の措置等を講じていくという継続的なプロセスが必要になる。

　そこで，そうした分析・評価に際しては，各取締役が自分自身および取締役会全体についての評価を行うことが，議論の出発点になると考えられるため，少なくとも自己評価の実施が要求されるのである。また，分析・評価の独立性・客観性をより高める観点からは，上場会社の判断により，外部の第三者の眼を入れた評価の実施も考えられる。評価項目については，実効性向上のための重要ポイントや優先課題の変化に合わせ，定期的な見直しが求められる。そのため，毎年，①各取締役の自己評価等に加え，②取締役会全体の実効性について分析・評価を行い，その結果については後述のような開示も必要になる。

⑵　実際の実施状況

　現在の実務の状況では，平成27年のガバナンス・コードの策定を受けて，こうした取締役会評価の実施は多くの上場会社で定着してきており，その一般的な評価プロセスには，アンケート方式（質問票・調査票等による），インタビュー方式（ヒアリング等），ディスカッション方式等がある。アンケート方式が多く見られ，アンケート等を取締役・監査役に配布し，その集計結果を基に取締役会で実効性評価・今後の改善策等について議論する方法が典型例になる。

評価者としては自己評価が多いが，外部の第三者評価（第三者機関，弁護士，コンサルタント等を利用）も見られ，イギリスでは3年に一度の外部評価が必要とされている。実効性評価の対象については，主に取締役会の構成・機能，取締役会の規模・運営，社外取締役のサポート体制，取締役会と周辺機関（指名・報酬委員会等）との連携，役員間のコミュニケーション，IR（Investor Relations）／SR（Shareholder Relations）への関与等を確認・評価することが多い。なお，実効性評価は毎年実施している会社が一般的であるが，一部に不実施としてその理由の説明をガバナンス報告書に記載する会社もある。

◇ポイント：取締役会の実効性評価とPDCAサイクル

　取締役会の実効性評価については，PDCAサイクルが重視される。PDCAとは，Plan（計画）→ Do（実行）→ Check（評価）→ Action（改善）という一連のサイクルになる。コーポレート・ガバナンス・システムに関する実務指針（CGSガイドライン）では，PDCA型の評価を行うことがひとつの方策に挙げられている。取締役会の実効性評価がサイクルの起点になる。

　PDCAサイクルとして，①取締役会評価→②課題の抽出→③課題の改善→④結果の検証→⑤取締役会評価といった取組みが循環的に行われる。その結果，必要な改革として，取締役会の議案や審議の在り方，取締役会や委員会の構成，付議基準や社内規程，会社の機関設計等の見直しにつながっていき，ガバナンスのレベルの向上が図られることになる。経営計画や重要事項等に関する議論の充実，社外取締役への情報提供の充実等も検討される。

2　実効性の評価結果の概要の開示

【補充原則4-11③】においては，取締役会は，毎年，各取締役の自己評価なども参考にしつつ，取締役会全体の実効性について分析・評価を行い，その結果の概要を開示すべきであるとされている。「取締役会の実効性の分析・評価」の重要性については，前述の通りである。そこで，それらの概要を開示することにより，株主・投資者との対話を通じたさらなる改善が期待できるため（対話ツール），本補充原則は，取締役会の実効性評価の実施およびその概要の開示を求めている。重要な開示原則として位置付けられることになる。

　本補充原則の実施に係るポイントは，2つある。第1に，実効性評価の実施については，評価方法や評価項目等を特定し，取締役会全体の実効性評価を実施することである。スキル・マトリックス等の活用も役に立つ。第2に，分析・評価結果の概要の開示においては，評価を通じて認識された課題を含め，結果の概要を開示することである。具体的な開示事項としては，①評価方法や評価項目（アンケート項目等），②評価結果，③前年度の実効性評価の結果として認識された課題への対応状況，④本年度の評価結果等があり，⑤さらなる実効性向上に向けた課題を示すことも有用とされている。

　これに関し，【対話ガイドライン3-7】では，2つの点が重視されている。第1に，取締役会が求められる役割・責務を果たしているかなど，取締役会の実効性評価が適切に行われ，評価を通じて認識された課題を含め，その結果がわかりやすく開示・説明されているかである。

　第2に，取締役会の実効性確保の観点から，各取締役や法定・任意の委員会についての評価が適切に行われているかである。ここでは，取締役会の実効性評価の開示・説明が求められているほか，各取締役や委員会（指名委員会や報酬委員会等）に関する評価も問われているところにポイントがある。

第3節　取締役会の審議の活性化と情報入手等

1　取締役会の会議運営の在り方

図表11-2　取締役会の会議運営の充実

取締役会の会議運営 ── ①資料の事前配布，十分な情報提供
　　　　　　　　　　├─②審議の項目数や開催頻度の適切な設定
　　　↓　　　　　　└─③審議時間の十分な確保，年間スケジュール等の決定
審議の活性化→自由闊達で建設的な議論・意見交換

　取締役会はどのように運営されるべきであろうか。近時は，会社経営の中枢を担う取締役会の役割や具体的な会議運営の在り方が重視されるようになって

いる。会社法においては取締役会の権限のほか，運営については招集の手続・決議の方法（利害関係者の排除等）・議事録の備置義務等の定めが置かれているが（同法362条以下等），その審議の在り方に関しては詳細な規定はなく，実務や解釈に委ねられているところが多い。そうした点について，ガバナンス・コードのルールは取締役会の審議の活性化を図るための具体的な方策として一定の取扱いを要請し，会社法を実質的に補完するものとして重要な役割を持つようになっている。

ガバナンス・コードの【原則4－12. 取締役会における審議の活性化】によれば，取締役会は，社外取締役による問題提起を含め自由闊達で建設的な議論・意見交換を尊ぶ気風の醸成に努めるべきであるとされる。近年の不正会計事件等の企業不祥事では，取締役会の形骸化や無機能化が指摘されることもあり，取締役会の審議の在り方の総論として，その活性化や実効性の向上を求めるものである。

その具体的な方策として，【補充原則4－12①】においては，取締役会は，会議運営に関する下記の取扱いを確保しつつ，その審議の活性化を図るべきであるとされている。そうした取扱いとしては，（ⅰ）取締役会の資料が，会日に十分に先立って配布されるようにすること，（ⅱ）取締役会の資料以外にも，必要に応じ，会社から取締役に対して十分な情報が（適切な場合には，要点を把握しやすいように整理・分析された形で）提供されるようにすること，（ⅲ）年間の取締役会開催スケジュールや予想される審議事項について決定しておくこと，（ⅳ）審議項目数や開催頻度を適切に設定すること，（ⅴ）審議時間を十分に確保すること，が重要になる。会議運営の実質的なルールといえる。

ガバナンス・コードではなぜ取締役会について，このような取扱いが求められているのであろうか。わが国の取締役会の運営方法には従来から，実効性等の観点を含め多くの批判も見られていた。それは経営監督の必要性が高い事項であってもその詳細は実質的に経営会議等で決定され，取締役会の審議は形式的なものにとどまることや，報酬の配分についても代表取締役に一任され取締役会を通じた監督が行われていないことも少なくないなどといった批判である。逆に会社によっては，法令上必ずしも求められていない事項も取締役会で審議するなど審議の項目数や開催頻度が多すぎるという指摘もあった。

　近時では，社外取締役の参加も求められる状況になってもいる。そこで，取締役会の運営に関し，その審議を実質的なものとするため，関連する情報を前もって提供するなど，社外取締役も主体的な発言ができるような環境の整備が要請されたものである。社外取締役の問題提起等の十分な関与を含め，取締役会にはその審議の実質化・活性化のための主体的な取組みが期待されている。

会社法の関連テーマ：取締役会の招集手続と運営ルール

　会社法では取締役会を招集する際，招集者は原則として，1週間前までに各取締役（監査役も含む）に招集通知を発しなければならない（同法368条1項）。出席の機会と準備を確保する趣旨による。ただ，全員の同意により省略は可能であり（同条2項），定例の場合には通知は必ずしも要しないが，実際上は一般に確認等のため通知が行われている。ガバナンス・コードでも，事前の資料や情報提供の充実等が重視されており，会社法のルールを実質的に補完している。

　そして，取締役会の決議は原則として取締役の過半数が出席し，その過半数で行う（会社法369条1項）。ただし，公正な決議を確保するため利害関係者は議決に加わることができず（同条2項），構成員（メンバー）の経験と知識を用いた充実した討議をする観点から代理出席も認められないと解されている。議事録の作成や一定期間の保存も要する（同条3項，371条等）。この点，監査役は取締役会への出席や必要に応じた意見陳述の義務を負っているが（同法383条），取締役ではないため取締役会の議決権は持たない。それに対し，社外取締役は取締役会で議決権を有することが重要なポイントになっている。

---

② 取締役等の情報入手等

(1) 積極的・主体的な情報の入手等

　ガバナンスの充実には，取締役等による必要な各種の情報の入手が欠かせない。そのため，ガバナンス・コードの【原則4-13．情報入手と支援体制】においては，3つの点が挙げられている。まず，取締役・監査役は，その役割・責務を実効的に果たすために，能動的に情報を入手すべきであり，必要に応じ，会社に対して追加の情報提供を求めるべきであるとされている（同原則第1文）。また，上場会社は，人員面を含む取締役・監査役の支援体制を整えるべきであ

るとする（同原則第2文）。そして、取締役会・監査役会は、各取締役・監査役が求める情報の円滑な提供が確保されているかどうかを確認すべきであるとしている（同原則第3文）。

　これらは取締役等の情報の入手について、①能動的な情報の入手、②会社の支援体制の整備、③情報の提供状況の確認を重視している。こうしたガバナンス・コードの趣旨は、どういったものであろうか。第1に、取締役・監査役が適切にその職務を遂行するために必要となる情報については、受け身ではなく自ら主体的に獲得することを求めるものである。主体的な行動が要請される。

　第2に、その半面で、取締役等がその役割・責務を実効的に果たすためには、そうした情報入手の要請に応えることを含め、会社側からの適切な支援が欠かせないことから、会社としての支援体制の整備も必要になる。「人員面を含む」と明示されている趣旨は、合理的な範囲で人員面における支援体制の整備を求めることにある。そこで、取締役会事務局の設置等も検討されうる。

　第3に、こうした各取締役・監査役の主体的な行動と会社の支援の結果として、実際に情報の円滑な提供が実行されている点については、取締役会および監査役会が確実に担保すべきと考えられるため、情報提供の確認も重要になる。指名委員会等設置会社や監査等委員会設置会社の委員会等でも同様である。なお、第2と第3の支援体制の整備や情報提供状況の確認は一般に、内部統制システムの構築とその監督において実施されることが想定されている。

(2)　社外者を含む情報提供の在り方

　こうした【原則4－13】を受けて、ガバナンス・コードには3つの補充原則が定められている。第1に、【補充原則4－13①】は、社外取締役を含む取締役は、透明・公正かつ迅速・果断な会社の意思決定に資するとの観点から、必要と考える場合には、会社に対して追加の情報提供を求めるべきであるとしている（同補充原則第1文）。また、社外監査役を含む監査役は、法令に基づく調査権限を行使することを含め、適切に情報入手を行うべきであるとする（同補充原則第2文）。

　この2つの補充原則では、情報を求める主体として、取締役・監査役に加え、社外取締役と社外監査役が含められている。その趣旨は特に社外取締役や社外

監査役といった社外者については，会社内部の情報へのアクセスが相対的に限られていることを考慮し，取締役・監査役が積極的かつ主体的に情報を獲得するために行動することの重要性を強調するところにある。

　第2に，【補充原則4-13②】は，取締役・監査役は，必要と考える場合には，会社の費用において外部の専門家の助言を得ることも考慮すべきであるとしている。取締役等の職務の執行に必要な情報については，会社内部の情報とは限られず，場合によっては外部の専門家（弁護士や会計士等）からの助言の利用も必要になりうることに配慮し，「会社の費用による外部情報の取得」が可能であることを確認している。

(3)　内部監査部門との連携等

　第3に，【補充原則4-13③】では，主に内部監査部門が取り上げられており，2つに分かれる。すなわち，上場会社は，取締役会および監査役会の機能発揮に向け，内部監査部門がこれらに対しても適切に直接報告を行う仕組みを構築すること等により，内部監査部門と取締役・監査役との連携を確保すべきであるとする（同補充原則第1文）。また，上場会社は，例えば，社外取締役・社外監査役の指示を受けて会社の情報を適確に提供できるよう社内との連絡・調整にあたる者の選任など，社外取締役や社外監査役に必要な情報を適確に提供するための工夫を行うべきであるとしている（同補充原則第2文）。

　【補充原則4-13③】の第1文は，会社の支援体制として，内部監査部門と取締役・監査役との連携確保の必要性を強調している。取締役会等への直接報告（デュアル・レポーティング）等も求める。また，その第2文は特に支援体制の実効性を測るうえで，社外役員への適確な情報提供を確認するための措置の必要性を明示する。

　内部監査部門とはどのようなものであろうか。「内部監査部門」とは一般に，他の管理部門や業務部門から独立した立場で，組織の内部管理態勢の適正性を総合的，客観的に評価するとともに，抽出された課題等に対し改善に向けた提言やフォローアップを実施する部門をいう（第13章第3節③も参照）。

　この点，対話ガイドラインにおいても，監査役に対する十分な支援体制が整えられ，監査役と内部監査部門との適切な連携が確保されているかが重視され

ている（対話ガイドライン 3 − 11）。金融商品取引法上の有価証券報告書では上場会社に対し，内部監査の状況等として，内部監査の組織・人員・手続や，内部監査・監査役等の監査・会計監査の相互連携ならびにそれらの監査と内部統制部門との関係について，具体的にかつわかりやすく記載することが求められる（同法24条 1 項等）。

3　取締役等のトレーニング

(1)　取締役や監査役に対するトレーニングの意義

　ガバナンス・コードでは，取締役や監査役に対するトレーニングが重視されている。会社法上の規定はないものの，役員のトレーニングが重視されるのはなぜであろうか。その具体的な内容はどのようなものか。

　ガバナンス・コードの【原則 4 − 14. 取締役・監査役のトレーニング】の第 1 文によれば，新任者をはじめとする取締役・監査役は，上場会社の重要な統治機関の一翼を担う者として期待される役割・責務を適切に果たすため，その役割・責務に係る理解を深めるとともに，必要な知識の習得や適切な更新等の研鑽に努めるべきであるとされている。ここでは，取締役・監査役について，上場会社の重要な「統治機関（ガバナンス）の一翼」を担う者としての重要な位置付けが明確にされている。

　取締役等の役割・責務は従業員とは全く異なるうえ，上場会社ごとに期待される具体的な内容も異なりうる。そういった点を踏まえ，内部から昇進した社内役員にも，従業員とは異なる役員としての役割・権限に加え，自らが負うことになる法的責任等に関し理解を深める必要があるため，こうした原則が定められている。

　この点，【補充原則 4 − 14①】においては，社外取締役・社外監査役を含む取締役・監査役は，就任の際には，会社の事業・財務・組織等に関する必要な知識を取得し，取締役・監査役に求められる役割と責務（法的責任を含む）を十分に理解する機会を得るべきであり，就任後においても，必要に応じ，これらを継続的に更新する機会を得るべきであるとされる。特に社外役員については他社での役員経験があっても，その上場会社における事業特有の知識の習得や就任後の継続的な更新が必要になる場合も多いと想定されることを踏まえ，

補充原則によりこのようなルールが設けられている。

(2)　トレーニングの機会の提供・斡旋や費用の支援

　取締役等にとって，トレーニングの重要性は大きい。そのため，【原則4－14】の第2文においては，上場会社は，個々の取締役・監査役に適合したトレーニングの機会の提供・斡旋やその費用の支援を行うべきであり，取締役会は，こうした対応が適切にとられているか否かを確認すべきであるとされている。

　トレーニングを求める原則の趣旨は，取締役・監査役が期待される役割・責務を適切に果たすという観点から，必要な知識の習得等の研鑽に努めることを求めるところにある。しかし，取締役等が自らの努力のみでそれらを習得することは必ずしも容易ではない。そこで，上場会社においては取締役および監査役に対して，例えば，自社の事業内容や財務状況，ガバナンス体制等に関する説明や，社外セミナーの受講の機会の提供や費用の負担等といった継続的な支援を行うことが期待されている。

　トレーニングの内容は個々の取締役・監査役に適合したものである必要がある。社内役員であれば，役員としての役割・権限や，自らが負うことになる法的責任等，また，役員経験のある社外役員については，その上場会社における事業特有の知識の習得・更新等について，就任時・就任後において継続的に提供することになる。取締役会には，こうした対応が適切に取られているかを確認することが求められる。上場会社としてはこのような役員のトレーニングについて，単に一方的に知識・情報を提供する場と捉えるのではなく，自社が考える取締役・監査役の基本的な役割・責務について共有を図る重要な機会でもあると考え，主体的に取り組むことが期待されている。

(3)　トレーニングの支援等の方針の開示

　【補充原則4－14②】では，上場会社は，取締役・監査役に対するトレーニングの方針について開示を行うべきであるとされている。そこで，トレーニングの支援等の方針については，上場会社の責務として適切な開示が求められることになる。重要性が高いため，開示原則として位置付けられる。その趣旨は，支援等の方針が明らかになっていることは，株主等のステークホルダーからの

信認を深めることに資するというところにある。

　社内役員と社外役員で方針が異なる場合，それぞれについて十分な説明が必要になる。ガバナンス報告書における具体的な開示内容等は，トレーニングの機会の提供に関する基本的な考え方およびトレーニングを行う項目やその実施方法，対象者等であり，具体的な実績としてトレーニングの概要を記載する例も見られる。

　新任役員向けのコンプライアンス等の各種研修や，社外役員向けの会社説明会の機会等に関する実務はかなり定着してきている。また，企業の人的資本や人材活用への投資家の関心が高まるなか，別途，一般の社員教育や研修等の情報開示も進められている。

◆　検討課題

(1)　取締役会等の多様性（ダイバーシティ）と適正規模について，説明しなさい。なぜ取締役会には，多様性が必要なのか。

(2)　取締役会の実効性の評価の在り方のほか，取締役のスキルや実効性の分析・評価の具体的な開示内容等はどうなるか検討しなさい。スキル・マトリックスとは，どのようなものか。

(3)　取締役会の審議の活性化と情報の入手等は，どのようにあるべきか論じなさい。取締役等の情報入手に求められるものは，どのようなものになるか。

(4)　取締役等のトレーニングには，どのような意義があるのか述べなさい。そうした役員のトレーニングについては，どういった会社の支援や情報の開示が求められているか。

第12章

株主との対話

この章では，上場会社と株主との「建設的な対話」（エンゲージメント）に関する問題を学習していく。企業は株主とどのように向き合い，対話を行うべきであろうか。IR や SR に関する活動など株主との対話の機会は，株主総会以外にも多様性を増している。ガバナンス・コードでは，対話の方針の策定・開示が求められているところに，主なポイントがある。

株主との対話の際には，実質的な株主構造の把握や経営戦略等の情報開示も重要性が大きい。この章では，ガバナンス・コードとの関係が深い，対話ガイドラインやスチュワードシップ・コードについても，その意義と具体的な内容等を取り上げていく。

【設　例】―――――――――――――――――――――――――

上場会社であるＡ会社には，多くの株主がいる。そうした株主のなかには，株主総会以外でも会社に対して情報の提供を請求したり，経営陣との対話を積極的に求める者も見られる。

株主がＡ会社との対話を求めてきた場合，Ａ会社はどのように対応すべきであろうか。IR 活動等との関係はどうなるか。対話ガイドライン等で留意すべきことは何か。

第1節　株主との建設的な対話の重要性

図表12－1　株主との対話（基本原則5）

株主との建設的な対話──①経営陣幹部・取締役→株主の声に正当な関心
　　　　　　　　　　　├②経営方針の明確な説明・理解を得る努力
　　　　　　　　　　　└③ステークホルダーへの理解と適切な対応
株主総会の場以外の対話促進→会社の持続的な成長と中長期的な企業価値の向上

1　株主との建設的な対話の重要性

　ガバナンス・コードの【基本原則5】の第1文は，上場会社は，その持続的な成長と中長期的な企業価値の向上に資するため，株主総会の場以外においても，株主との間で建設的な対話を行うべきであるとしている。株主総会以外における株主との建設的な対話による企業価値の向上等を重視するものである。
　そして【基本原則5】の第2文は，経営陣幹部・取締役（社外取締役を含む）は，こうした対話を通じて株主の声に耳を傾け，その関心・懸念に正当な関心を払うとともに，自らの経営方針を株主にわかりやすい形で明確に説明しその理解を得る努力を行い，株主を含むステークホルダーの立場に関するバランスのとれた理解と，そうした理解を踏まえた適切な対応に努めるべきであるとする。株主との対話における経営陣幹部等の努力義務になる。【基本原則5】には，2つの原則と4つの補充原則が定められている。

2　対話と持続的な成長に向けた取組み

　【基本原則5】は，株主と上場会社との間における建設的な対話の実現を促すべく設けられたものである。同原則の「考え方」によれば，「『責任ある機関投資家』の諸原則《日本版スチュワードシップ・コード》」の策定を受け，機関投資家には，投資先企業やその事業環境等に関する深い理解に基づく建設的な「目的を持った対話」（エンゲージメント）を行うことが求められている。

　上場会社にとっても，株主と平素から対話を行い，具体的な経営戦略や経営計画などに対する理解を得るとともに懸念があれば適切に対応を講じることは，経営の正統性の基盤を強化し，持続的な成長に向けた取組みに邁進するうえできわめて有益である。

　また，一般に，上場会社の経営陣・取締役は，従業員・取引先・金融機関とは日常的に接触し，その意見に触れる機会には恵まれているが，これらはいずれも賃金債権，貸付債権等の債権者であり，「株主と接する機会」は通常限られている。そのため，経営陣幹部・取締役が，株主との対話を通じてその声に耳を傾けることは，資本提供者の目線からの経営分析や意見を吸収し，持続的な成長に向けた健全な企業家精神を喚起する機会を得る，ということも意味する。こうした観点から，ガバナンス・コードは「株主との対話」について独立した章を設け，上場会社に対し，株主との建設的な対話の実現へ向けて一定の取組みを求めている。

第2節　株主との対話に関する方針の開示

1　株主との対話（面談）への対応

　会社と株主との対話はどのようにあるべきであろうか。この点，ガバナンス・コードの【原則5-1．株主との建設的な対話に関する方針】は，2つの文から構成されている。

　まず【原則5-1】の第1文において，上場会社は，株主からの対話（面談）の申込みに対しては，会社の持続的な成長と中長期的な企業価値の向上に資するよう，合理的な範囲で前向きに対応すべきであるとされる。この原則を受けて，【補充原則5-1①】は，株主との実際の対話（面談）の対応者については，株主の希望と面談の主な関心事項も踏まえたうえで，合理的な範囲で，経営陣幹部，社外取締役を含む取締役または監査役が面談に臨むことを基本とすべきであるとしている。

　株主と上場会社との間で建設的な対話を実現する際，フェイス・トゥ・フェイスでの対話（面談）は重要な役割を果たしうるため，上場会社が積極的に面

談に臨むことが期待されている。コミュニケーションの充実になる。ただ，上場会社では多数の株主がおり，その面談のすべての申込みに応じることは現実的ではないことから，面談の申込みがあった際には，例えば，株主の持株数等を考慮要素に含めることや，個別の申込みに応じていない場合は投資家説明会への参加を株主に促す等の対応をとることも想定される。

② 対話方針の意義と具体的な記載事項

【原則5－1】の第2文において，取締役会は，株主との建設的な対話を促進するための体制整備・取組みに関する方針を検討・承認し，開示すべきであるとされている。対話方針という。IR 部門等にその決定を任せきりにするのではなく，取締役会が自ら方針の検討等をすることが必要になる。

この原則を踏まえ，【補充原則5－1②】は，株主との建設的な対話を促進するための方針には，少なくとも以下の点を記載すべきであるとする。対話の方針の記載事項は，（ⅰ）株主との対話全般について，下記（ⅱ）～（ⅴ）に記載する事項を含めその統括を行い，建設的な対話が実現するように目配りを行う経営陣または取締役の指定，（ⅱ）対話を補助する社内の IR 担当，経営企画，総務，財務，経理，法務部門等の有機的な連携のための方策，（ⅲ）個別面談以外の対話の手段（例えば，投資家説明会や IR 活動）の充実に関する取組み，（ⅳ）対話において把握された株主の意見・懸念の経営陣幹部や取締役会に対する適切かつ効果的なフィードバックのための方策，（ⅴ）対話に際してのインサイダー情報の管理に関する方策，である。対話方針の記載事項になる。

なぜ株主との対話の方針の策定・開示が求められているのであろうか。ガバナンス・コードにおいては，上場会社と株主との建設的な対話を通じた，中長期的な企業価値の向上の実現を志向していることから，対話を促進していくために必要な体制の整備や取組みに関する方針の策定と開示が望まれるわけである。そこでは，IR や SR が重視され，IR 部署を設置し，ホームページに IR 欄を設けている会社も一般的になっている。

株主との対話の工夫としては，投資家向け説明会を実施している会社が多く，主な機関投資家を個別に訪問している会社も見られる。この点，対話ガイドラインでは，［株主と企業の対話の充実］として，株主との面談の対応者について，

株主の希望と面談の主な関心事項に対応できるよう，例えば，「筆頭独立社外取締役」の設置など，適切に取組みを行っているかが挙げられている（同ガイドライン4－4－1）。IR活動への社外取締役の関与も増えている。

　ガバナンス報告書においては，IRに関する活動状況として，代表者（社長等）自身による説明の有無，ディスクロージャーポリシーの作成・公表の有無のほか，定期的説明会の開催，IR資料の公表状況，IR担当部署名・IR担当役員等に関する記載が求められている。IR資料とは，会社が作成する書類や電磁的ファイルであって，投資者等（投資者，証券アナリスト，取引先，株主）による適切な会社の現状の理解，評価に資するために作成されたものをいい，ウェブサイトにおける投資者向けの情報（決算情報やそれ以外の適時開示資料等）についての記載も行われる。

金融商品取引法の関連テーマ：企業情報とインサイダー取引等の規制

　ガバナンス・コードにもあるように上場会社等の決算情報等の重要事実については，特に金融商品取引法におけるインサイダー（内部者）取引の規制（同法166条以下等）との関係が重要になる。公表前の決算の情報等を利用して，役員等（いわゆるインサイダー）が情報格差を不当に利用して自社株の取引等で利益を得るのは不平等であり，情報開示の公平・平等性と資本市場の公正な価格形成機能を著しく損なう。

　そこで，上場会社等の会社関係者（役員，従業員，取引先等）と情報受領者が，重要な企業情報（合併，増資，破産等）の公表前に自社株等を売買することは厳しく禁止されている。違反すると行政上の課徴金や刑事罰等の対象になり，実際に多くの事件が発生している。

　また，上場会社の情報提供の際には，公平な情報開示を義務付ける，フェア・ディスクロージャー（FD）・ルールにも留意する必要がある（金融商品取引法27条の36以下等）。上場会社や役員等（IR部門等）が公表前の重要情報を一部の関係者（機関投資家等）に提供したときは，その情報を自社のホームページやEDINET等で公表しなければならない。規制違反には行政上の措置も行われうる。

③ 株主構造（実質株主）の把握の重要性

【補充原則５－１③】は株主構造の把握を求めるものである。同補充原則は，上場会社は，必要に応じ，自らの株主構造の把握に努めるべきであり，株主も，こうした把握作業にできる限り協力することが望ましいとしている。ここでは対話の前提として，「株主構造の把握」が上場会社の努力義務とされる一方で，株主にも協力を求めているところにポイントがある。

会社が株主ないし実質株主を把握することは難しい側面もあり，従来から議論が多い。なぜ会社は自社の株主を正確に知ることが難しいのであろうか。会社法上，会社が自社の株主を把握するためには，株主総会の基準日における「株主名簿の記載」が主な手段になる（同法121条以下等）。ただ，信託銀行等を通じて株式を保有するような場合（信託口の利用等），株主名簿にはその受託者のみが記載されており，その背後で議決権行使の指図をする委託者を把握することはできない。また，金融商品取引法の大量保有報告書制度（いわゆる５％ルール）に基づく大量保有者の情報開示義務によっても，株券等保有割合が５％を超えない場合には大量保有報告書の提出義務がなく，実質株主を把握できる範囲は限定される（同法27条の23以下等）。

さらに，近時では株主総会において投資ファンド等の特定の株主との委任状の勧誘合戦や，多数派工作・敵対的な買収等が問題となるケースも増え，実質株主の動向を把握する重要性も大きくなっている。短期的な利益を狙った外国籍の買収ファンド等が，匿名で秘密裏に株式の買占め等を進めていることも多い。この点，EUでは，上場会社から大口の機関投資家に対する質問権制度を設けており，上場会社の経営に一定の影響を与えうる者に対して一定の透明性を求める制度的な措置として，わが国でも今後その導入を検討することが課題になる（いわゆる透明性ないし透明化措置）。

そうした状況を踏まえ，上場会社は必要に応じて調査会社等に依頼して，実質株主の調査を行うことも少なくない（株主判明調査等という）。そこで，本補充原則は，上場会社が「必要に応じ」，こうした調査を行う際，株主側も協力することを促している。ただ，必要がない場合についてまで株主構造の把握に努めることを求めるものではなく，本補充原則の前段は適用されず，把握を行っ

ていない旨をエクスプレイン（説明）する必要はない。また，株主側の協力については，本補充原則の名宛人が上場会社でなく株主とされているため，上場会社によるコンプライ・オア・エクスプレインの対象にはならない。

⟨ポイント：大株主の情報とは⟩

　大株主の情報はガバナンス・コードに見られるように，会社関係者にとってきわめて重要になる。そこで，会社法において，株主情報は公開会社の事業報告で，「上位10名の氏名・持株数等」が開示される（119条3号，会社法施行規則122条）。また，前述のように金融商品取引法では，上場会社等の株式を5％超有する大量保有者に対し，国への大量保有報告書の提出を義務付け，金融庁のEDINET等で広く公開も行われる（同法27条の23以下等）。5％ルールといわれ，不提出等は刑事罰や課徴金の対象になりうる（同法197条の2第5号等）。これは大量保有・買占め情報の重要性から強制されており，事業報告の開示とも密接にリンクしている。公正な価格形成を重視する，資本市場のルールになる。

　他方，マネーロンダリング（反社会的勢力等による資金洗浄）の防止の観点からの国際的な要請もあり，令和4年には法務局（登記所）において株式会社の「実質的支配者リスト制度」が創設されている。同制度は，法人の議決権の4分の1を超える議決権を直接または間接に有している自然人等の大株主の情報を公的機関や金融機関が把握できるようにするものである。

　投資ファンド等のいわゆるアクティビスト（物言う株主）の活動が活発になるなか，実質株主ないし支配株主等の把握による「透明性の確保のための措置（透明性措置）」は株主権の濫用等への対応という意味で，制定法である会社法等といった企業法制においても検討を要すべき課題になる。アクティビストに対しては，株主の属性や取引履歴等といった情報の開示を求めることのほか，濫用的な権利行使には議決権行使の差止めも考慮されうる。

第3節　経営戦略や経営計画の策定・公表

1　経営戦略等の開示と説明の在り方等

　上場会社には，経営戦略や経営計画の策定と公表が求められている。ガバナ

ンス・コードの【原則5－2．経営戦略や経営計画の策定・公表】は，経営戦略や経営計画の策定・公表に当たっては，自社の資本コストを的確に把握したうえで，収益計画や資本政策の基本的な方針を示すとともに，収益力・資本効率等に関する目標を提示し，その実現のために，事業ポートフォリオの見直しや，設備投資・研究開発投資・人的資本への投資等を含む経営資源の配分等に関し具体的に何を実行するのかについて，株主にわかりやすい言葉・論理で明確に説明を行うべきであるとしている。

　経営戦略や経営計画は，投資判断を行うための重要な情報になる。投資者は，特に中長期的な企業価値の向上を実現するための具体的戦略等や，それらと経営理念との整合性に関心を持っていることから，本原則は経営戦略等の策定・公表に際して，そうした投資者のニーズを踏まえ，資本政策の基本方針や目標達成のための方策等についてわかりやすく説明を行うべきことを明確にしている。経営戦略等については【原則3－1（ⅰ）】で開示が求められているが，本原則はその開示の際における対応や説明の在り方を定めるものである。

　本原則を実施する際のポイントは2つある。第1に，資本政策の基本方針等の提示である。自社の資本コストを踏まえ，資本政策等の基本方針，資本効率等に関する目標を提示することになる。第2に，目標達成のための方策の説明である。研究開発投資・人材投資等の経営資源の配分や，事業再編に関する具体的方針や取組みを説明する。

会社法の関連テーマ：株主総会における株主との対話

　ガバナンス・コードでは「株主との対話」が重視されるが，株主総会における会社と株主との対話の際には，会社法上の株主提案権等が重要になる。株主提案権として株主には一定の要件の下で，①議題提案権・②議案提出権・③議案要領の通知請求権という3つのタイプが認められている（同法303条～305条）。株主提案権の行使要件や拒絶事由が重要であり，令和元年の会社法改正では③の通知請求権について10個の個数制限等が導入された。

　また，取締役等は株主総会において株主から特定の事項の説明を求められた場合は，原則として必要な説明をしなければならない（会社法314条等。説明義務）。株主の質問権を確保する趣旨によるが，正当な理由がある場合等は除外されており，企業秘密等の漏洩防止等も必要である。こうした会社法上のルールに違反し

た場合，株主総会の決議取消しの訴えの対象となりうる（同法831条）。

2 収益力・資本効率等の重視

　【原則5-2】は，資本効率のみならず，トータルな「収益力・資本効率等」を重視している。ここで収益力を含めているのは，わが国の企業の資本利益率が低い主な理由は売上高利益率の低さにあるとの指摘や，資本利益率だけでは偏りがあり，総資産利益率や売上高利益率等の指標と合わせてバランスをとることが重要であるといった指摘を受けたことを反映したものである。

　収益力・資本効率等に関する目標とその実現のための方策について，株主と共有することを求める趣旨は，上場会社と株主との間で建設的な対話を進めるうえで，重要な基盤と考えられることにある。収益力・資本効率等に関する目標は，必ずしも特定のタイプの指標に限定されているわけではないため，例えば，資本利益率（ROE）ではなく，投下資本利益率（ROIC）の指標を用いること等も選択肢となる。

　この点，【補充原則5-2①】では，上場会社は，経営戦略等の策定・公表に当たっては，取締役会において決定された事業ポートフォリオに関する基本的な方針や事業ポートフォリオの見直しの状況についてわかりやすく示すべきであるとされている。【原則5-2】の唯一の補充原則として，資本効率を考慮した経営を行うための対話を株主との間で促進する観点から，事業ポートフォリオへの取組みを深化させる趣旨により設けられたものであり，その前提として取締役会が基本的な方針を決定することを求めている点も重要になる。

　「わかりやすく示す」特定の開示書類等は明示されていないため，ガバナンス報告書のほか，有価証券報告書等で基本的な方針や見直しの実績等に触れる会社も見られる。なお，事業ポートフォリオの意義やその見直しの監督の在り方等については，第3章第3節を参照。

第4節　スチュワードシップ・コードと対話ガイドライン

1 スチュワードシップ・コードの意義と概要等

図表12-2　スチュワードシップ・コードの全体像

機関投資家 ── ①スチュワードシップ（管理）責任としての行動指針
対話 ↓ ── ②顧客・受益者（国民一般）の中長期的な投資リターンの拡大
　　　　　 ── ③8つの原則→建設的な対話による企業の問題点の改善等
投資先企業（上場会社等）→企業価値の向上・持続的成長

(1) スチュワードシップ・コードの意義と目的

　株主との対話の際に重視されるのが，スチュワードシップ・コード（SSコード）である。SSコードは，投資信託会社（投信会社・運用会社）・投資顧問会社，保険会社，信託銀行，年金基金等といった株式を大量に保有し，受託者責任を負うべき「機関投資家」に対し，スチュワードシップ（管理）責任としての行動指針を提示する（平成26年適用開始，金融庁）。投資先企業の企業価値の向上や持続的成長を促し，顧客・受益者（最終受益者を含む）の中長期的な投資リターンの拡大を図る。そうした行動は，ひいては国民一般の利益にも還元されうる。近年ではイギリスをはじめ，多くのヨーロッパ諸国でスチュワードシップ・コードが策定され，機関投資家や企業の活動に影響を及ぼしている。

　わが国においても，スチュワードシップ・コードが策定され，以下のような原則を列挙している。スチュワードシップ・コードもガバナンス・コードと同様に，プリンシプルベース・アプローチ（原則主義）によっている。

　また，コンプライ・オア・エクスプレイン（原則を実施するか，実施しない場合には，その理由を説明するか）の手法が採用され，同コードの受入れ表明，各原則に基づく公表項目については機関投資家のウェブサイトで公表するとともに，公表を行ったウェブサイトのアドレス（URL）を金融庁に通知することが期待されている（金融庁のホームページも参照）。実際に，投資信託会社や信託銀行等といった多くの金融機関が受入れを表明している。なお，SSコードは

主に機関投資家が日本の上場株式に投資を行う場合を念頭に策定されているが，上場株式以外の資産（債券等）に投資する機関投資家にも適用されうる。

⟨ ポイント：2種類の機関投資家の区分 ⟩

　スチュワードシップ・コードにおいては，機関投資家は2つに区分されている。第1は，「資産運用者としての機関投資家」であり，運用機関といわれる（いわゆるアセットマネージャー）。投資信託会社等になる。第2は，「資産保有者としての機関投資家」であり，「アセットオーナー」と呼んでいる。年金基金等であり，その最大手は年金積立金管理運用独立行政法人（GPIF）になる。

　特にGPIFは巨額の資金を保有していることから，その動向は大きな影響力を有しており，委託先の運用機関に対して提示する「議決権行使原則」や「スチュワードシップ活動原則」を策定している。企業年金等のアセットオーナーには，委託先の運用機関のスチュワードシップ活動を促すことが求められる。

　運用機関については，投資先企業との日々の建設的な対話等を通じて，当該企業の企業価値の向上に寄与することが期待されるため，アセットオーナーの期待するサービスを提供できるよう，その意向の適切な把握などに努めるべきであると考えられる。それに対し，アセットオーナーには，スチュワードシップ責任を果たすうえでの基本的な方針を示し，自らあるいは委託先である運用機関の行動を通じて，投資先企業の企業価値の向上に寄与することが期待されており，運用機関の評価に当たっては，短期的な視点のみに偏ることなく，スチュワードシップ・コードの趣旨を踏まえた評価に努めるべきであるとされている。

⑵　その原則と主な指針の概要

| 図表12-3 | 投資資金の流れ（インベストメント・チェーン）と両コードの関係 |

顧客・受益者（国民）→機関投資家→上場会社：企業価値の向上等
　　　　　　　　　　　↳SSコード　↳CGコード

　スチュワードシップ・コードは，8つの原則からなり，それぞれに複数の指針が提示されている。本書の一部でもその内容について触れているが，その概要は以下のようになる。

166

　【原則1】においては，機関投資家は，スチュワードシップ責任を果たすための明確な方針を策定し，これを公表すべきであるとされている。「基本方針の策定」と公表を定める。投資先企業との建設的な「目的を持った対話」（エンゲージメント）の際には，当該企業の企業価値の向上やその持続的成長を促すことによる顧客・受益者の中長期的な投資リターンの拡大を図るとともに，サステナビリティ（ESG要素を含む中長期的な持続可能性）の考慮も重視される。

　【原則2】は，機関投資家は，管理すべき利益相反についての明確な方針を策定し，公表すべきであるとしている。顧客・受益者の利益を第一として行動するため，「利益相反」を適切に管理すべきとする。利益相反とは，機関投資家自らが所属する企業グループと顧客・受益者の双方に影響を及ぼす事項について議決権を行使する場合等であり，適切なガバナンス体制の整備と公表が求められている。

　【原則3】は，機関投資家は，スチュワードシップ責任を適切に果たすため，投資先企業の状況を的確に把握すべきであるとする。そこで，投資先企業のガバナンスや企業戦略・業績・資本構造・事業におけるリスク・収益機会等の把握に努めるべきことが求められている。

　【原則4】は，機関投資家は，投資先企業との建設的な「目的を持った対話」を通じて，認識の共有を図るとともに，問題の改善に努めるべきであるとしている。パッシブ運用を行うに当たっては，より積極的に中長期的視点に立った対話や議決権行使に取り組むべきであるとする。なお，機関投資家が他の機関投資家と協働して対話を行うこと（協働エンゲージメントという）が有益である場合も認められている（指針4-4）。

　【原則5】として，機関投資家は，議決権の行使と行使結果の公表についての明確な方針を持つとともに，議決権行使の方針については，投資先企業の持続的成長に資するものとなるよう工夫すべきであるとされている。議決権行使結果は，「個別の投資先企業および議案ごと」に公表することが求められているほか（個別開示），形式的に議決権行使助言会社の助言等に依拠せず，自らの責任と判断の下，議決権を行使すべきとされている。なお，外形的に利益相反が疑われる事案や議決権行使の方針に照らして説明を要する判断を行った議案等，重要と判断される議案については，賛否を問わず，その理由の公表が求

められている（指針5－3）。

　【原則6】は，機関投資家は，議決権の行使を含め，スチュワードシップ責任をどのように果たしているのかについて，原則として顧客・受益者に対して定期的に報告を行うべきであるとする（スチュワードシップ報告書という）。機関投資家のうち，①運用機関は直接の顧客に対し原則として定期的に報告を行うべきとされ，②アセットオーナーは受益者に対し原則として少なくとも年に一度報告を行うべきであるとしている。顧客・受益者への報告の具体的な様式や内容については，効果的かつ効率的な報告を行うよう工夫が求められている。必要な範囲で，スチュワードシップ活動の記録を残すことも必要になる。

　【原則7】は，機関投資家は，投資先企業やその事業環境等に関する深い理解のほか，運用戦略に応じたサステナビリティの考慮に基づき，当該企業との対話やスチュワードシップ活動に伴う判断を適切に行うための実力を備えるべきであるとする。特に運用機関は，持続的な自らのガバナンス体制・利益相反管理や本コードの各原則（指針を含む）の実施状況等を定期的に自己評価し，自己評価の結果を投資先企業との対話を含むスチュワードシップ活動の結果と合わせて公表すべきであるとしている。

＜ポイント：スチュワードシップ・コードの公表項目＞

　機関投資家がスチュワードシップ・コードを受け入れる場合，公表が求められる項目がある。公表項目という。ガバナンス・コードの開示原則のように，公表項目は重要な情報になる。

　第1に，すべての機関投資家は，スチュワードシップ方針，利益相反管理の方針，議決権行使助言会社の名称・活用方法を公表すべきであるとされている（指針1－2，2－2，5－4）。第2に，機関投資家には議案の主な種類ごとの議決権の行使結果の公表が求められている（指針5－3）。

　また，第3に，運用機関は，利益相反管理防止のためのガバナンス体制や各原則・指針の実施状況の自己評価，スチュワードシップ活動の結果を公表すべきであるとされている（指針2－3，7－4）。第4に，機関投資家向けサービス提供者には，利益相反管理の方針や体制整備の取組みの公表が求められる（指針8－1）。第5に，議決権行使助言会社は助言策定プロセスを具体的に公表すべきであるとされる（指針8－2）。

(3) 議決権行使助言会社等のサービス提供者

　最後の【原則8】は，機関投資家向けのサービス提供者（議決権行使助言会社や年金運用コンサルタント等のサービス・プロバイダー）向けのものである。同原則は，機関投資家向けのサービス提供者は，機関投資家がスチュワードシップ責任を果たすに当たり，適切にサービスを提供し，インベストメント・チェーン（投資資金の流れ）全体の機能向上に資するものとなるよう努めるべきであるとしている。また，利益相反管理体制の整備への取組みの公表のほか，日本に拠点を設置することを含め，十分かつ適切な人的・組織的体制の整備と，助言策定プロセスの具体的な公表等も求めている。

　株主総会における株主による議決権行使は，会社経営に大きな影響を及ぼす。議決権行使の判断の際，重要になるのが議決権行使助言会社の役割である。特に機関投資家は議決権行使助言会社の策定した指針に従うことが多い。議決権行使助言会社としては，ISS（Institutional Shareholder Services）やグラス・ルイス等がよく知られており，その議決権行使助言方針（ポリシー）等は重要性が大きい。

　議決権行使助言会社は上場会社の株主総会の議案に対し，独自の賛成・反対の推奨の基準を策定し助言をしているが，反対の推奨をすることも多く，その動向が特に株主総会の前には注目を集める。議決権行使助言会社の役割と注目度が高まるにつれて，その体制や責任等が問題視されることも増えている。そこで，議決権行使助言会社の業者としての規制については，国際的にも公的な規制の在り方が議論されており（金融商品取引法上のルール等），わが国ではスチュワードシップ・コードがソフトローとして議決権行使助言会社に対し，一定の規律を求めるようになっている。

> ┤ポイント：パッシブ運用とアクティブ運用├
>
> 　パッシブ運用は，市場の指数（インデックス）の値動きと同様の投資成果を目指す投資戦略である。インデックス運用ともいう。例えば，インデックス・ファンドを購入し，公表されたTOPIX（東証株価指数）等のパフォーマンスに追従し，そのすべてに投資した場合と同じ投資成果が期待される。手数料等の運用コストも比較的安価になるため，安定的な投資手法として広がっている。

　それに対し，アクティブ運用は，株価の上昇が期待される銘柄を厳選して投資する運用手法である。トレンドを見極めながらアクティブ運用をすることはプロ向きの運用になる。パッシブ運用よりも高い投資効果が期待できるが，リスクや運用コストも増える。他方，短期的な利益獲得志向ではなく，中長期的な応援株主を増やす重要性も指摘されている。

⑷　スチュワードシップ・コードとガバナンス・コードの共通点と相違点

　スチュワードシップ・コード（SSコード）とガバナンス・コード（CGコード）は車の両輪といわれ，2つのコードがあいまって機能することが期待されている。そのため，これまで見たところも踏まえつつ，ダブル・コードの関係を押さえておくことは重要である。

　両コードの共通点としては，制定法とは異なるソフトローとして，第1に，プリンシプルベース（原則主義）・アプローチが採用され，形式的な文言・記載ではなく，その趣旨・精神に照らして真に適切か否かを対象者自身が判断することが求められている。第2に，法令のように一律の強制ではなく，コンプライ・オア・エクスプレイン（実施か，理由の説明）の手法が用いられる。第3に，その内容として対象者に対し，一定の行動を求めるものである。

　他方，相違点は，その対象や受入れの要否等にある。スチュワードシップ・コードの対象は機関投資家（投資信託の運用会社等）であり，コードの受入れも原則として任意とされ，金融庁がコードの受入れを表明した「機関投資家のリスト」を公表することにより，コードの受入れを促すという仕組みを採っている。機関投資家が投資先企業との建設的な対話を通じて，企業の持続的成長と顧客・受益者の中長期的な投資リターンの拡大を目指している。

　それに対し，ガバナンス・コードの対象は上場会社であり（上場の区分に応じた分類はある），上場会社には証券取引所の有価証券上場規程の一部としてコンプライ・オア・エクスプレインでの対応が義務付けられている。上場会社がステークホルダーと適切に協働しつつ，実効的な経営戦略の下，持続的な成長と中長期的な企業価値の向上を図ることを目的とする。

　要するに，スチュワードシップ・コードは機関投資家の行動原則であり，投資先企業との対話等を通じて，顧客・受益者の中長期的なリターンの向上を目指すのに対し，ガバナンス・コードは上場会社の行動原則であり，会社の中長期的な企業価値の向上を目的にしている。両コードにより，日本経済全体の好循環が実現することが期待されている。

② 対話ガイドラインの意義と概要等

図表12－4	対話ガイドラインの意義

```
投資家 ──┬①対話において重点的に議論することが期待される事項を提示
         ├②ガバナンス・コードと SS コードの附属文書
対話      │   └→コンプライ・オア・エクスプレインの際の重要な基準
  │      └③4つの項目→建設的な対話による企業の問題点の改善等
  ↓
企業（上場会社等）→企業価値の向上・経済全体の成長と国民の安定的な資産形成
```

(1) 対話ガイドラインの意義と目的

　「投資家と企業の対話ガイドライン」は，金融庁がコーポレート・ガバナンスを巡る現在の課題を踏まえ，スチュワードシップ・コードおよびコーポレートガバナンス・コードが求める持続的な成長と中長期的な企業価値の向上に向けた機関投資家と企業との対話において，重点的に議論することが期待される事項をとりまとめたものになる（平成30年に策定）。対話ガイドラインは両コードの附属文書と位置付けられる。企業価値の向上の実現により，ひいては経済全体の成長と国民の安定的な資産形成に寄与することが期待されている。

　対話ガイドラインは実質上ガバナンス・コードと一体となって取り扱われており，ガバナンス・コードのコンプライ・オア・エクスプレインを行う際に，常に参照すべきものとして重視されている。そのため，対話ガイドラインは，その内容自体について「コンプライ・オア・エクスプレイン」を求めるものではなく，ガバナンス報告書に開示が求められる事項を含むものでもないが，ガバナンス・コードやスチュワードシップ・コードの実効的な「コンプライ・オア・エクスプレイン」を促すことを意図・目的としている。本書では，対話ガ

イドラインの内容について各所で触れているが，理解の便宜のため，ここでその概要を見ていくことにする。

⑵　対話ガイドラインの項目等の概要

図表12-5	対話ガイドラインの４つの項目

```
┌─①経営環境の変化に対応した経営判断→経営戦略の策定・公表等
├─②投資戦略・財務管理の方針→人的資本への投資等
├─③CEOの選解任・取締役会の機能発揮等→指名・報酬委員会の活用等
└─④ガバナンス上の個別課題→株主総会の在り方等
```

対話ガイドラインは以下のように，大きく４つの項目に分けられている。そして，それぞれに複数のポイントが具体的に示されている。

第１は，［経営環境の変化に対応した経営判断］である。ガバナンス・コードの内容に合わせて，具体的な経営戦略・経営計画等が策定・公表等，資本コストの把握・目標の設定・意識した経営・説明等，ESGやSDGs・サステナビリティ等への対応，事業ポートフォリオの見直し等が挙げられている。

第２は，［投資戦略・財務管理の方針］である。設備投資・研究開発投資・人件費も含めた人的資本への投資等，資本コストを意識した資本の構成や手元資金の活用等になる。

第３に，［CEOの選解任・取締役会の機能発揮等］は，５つのポイントからなる。まず①【CEOの選解任・育成等】として，客観性・適時性・透明性ある手続によるCEO（社長等の最高経営責任者）の選任，独立した指名委員会の活用，CEOの後継者計画が適切に策定・運用，CEOを解任するための客観性・適時性・透明性ある手続の確立等が挙げられている。

次に，②【経営陣の報酬決定】の面では，健全なインセンティブとして機能するような設計・具体的な報酬額を決定するための客観性・透明性ある手続の確立，独立した報酬委員会の活用・わかりやすい説明が重視されている。③【取締役会の機能発揮】では，取締役会が求められる役割・責務を果たしているかなど，取締役会の実効性評価が適切に行われ，評価を通じて認識された課題を

含め，その結果がわかりやすく開示・説明されているか等が重視されている。④【独立社外取締役の選任・機能発揮】としては，取締役会全体として適切なスキル等が備えられるよう，必要な資質を有する独立社外取締役が，十分な人数選任されているか等が挙げられている。

　そして，⑤【監査役の選任・機能発揮および監査の信頼性の確保・実効性のあるリスク管理の在り方】では，監査役に適切な経験・能力および必要な財務・会計・法務に関する知識を有する人材が，監査役会の同意をはじめとする適切な手続を経て選任されているか等が重要とされている。これらの5つの点が対話ガイドラインの中心になる。

(3)　ガバナンス上の個別課題

　第4に，［ガバナンス上の個別課題］であり，4つのポイントが挙げられている。（1）では，株主総会の在り方として，株主総会が株主との建設的な対話の場であることを意識し，例えば，有価証券報告書を株主総会開催日の前に提出するなど，株主との建設的な対話の充実に向けた取組みの検討を行っているか等が挙げられている。（2）の政策保有株式に関しては，【政策保有株式の適否の検証等】・【政策保有株主との関係】として，政策保有株式について，それぞれの銘柄の保有目的や保有銘柄の異動を含む保有状況がわかりやすく説明されているか等という点が重視されている。

　また，（3）のアセットオーナーに関しては，自社の企業年金が運用の専門性を高めてアセットオーナーとして期待される機能を発揮できるよう，母体企業として，運用に当たる適切な資質を持った人材の計画的な登用・配置等の人事面や運営面における取組みを行っているか等が提示されている。（4）の株主と企業の対話の充実においては，株主との面談の対応者について，株主の希望と面談の主な関心事項に対応できるよう，例えば，筆頭独立社外取締役の設置など適切に取組みを行っているかが挙げられている。それぞれの詳細やガバナンス・コードとの関係については，本書の関連箇所を参照して欲しい。

◆　検討課題

(1)　上場会社と株主との建設的な対話について，ガバナンス・コードではどのように考えられているか説明しなさい。対話方針とは何か。IR や SR とはどのようなものか。

(2)　株主構造（実質株主）の把握の重要性はどこにあるか検討しなさい。大株主の情報を巡るルールは，どうなっているか。経営戦略や経営計画の策定と公表の意義は何か。

(3)　スチュワードシップ・コードについて，その意義と各原則の内容を説明しなさい。ガバナンス・コードとの関係や異同はどうなるか。また，対話ガイドラインの意義と各項目の内容は，どのようなものであろうか。

第13章

グループ企業のガバナンス

　この章では，グループ企業ないしグループ経営に関する問題を学習していく。多数の子会社を持つグループ企業には，特有の課題が多い。親会社・支配株主と一般株主との間の利益相反リスクもあり，親会社の取締役会とその取締役の責務のほか，支配株主の責務が重要になる。

　グループ経営においては，利益相反リスクの管理のため特別委員会の設置等も求められうる。そのため，その適切な経営の在り方を巡って，重要なガイドラインが策定されており，会社法に基づく実務にも今後大きな影響を及ぼしていくものと思われる。グループ・ガバナンスなどといわれる。

【設　例】

　上場会社のＡ会社は，多くの子会社を持つグループ企業である。グループ経営を行うＡ会社には，どのようなことが求められているのか。

　グループ企業の本社の取締役や取締役会の役割については，どうなるか。親会社の取締役等の義務はどう考えられるか。上場子会社のガバナンスはどのようにあるべきか。

第 1 節 グループ経営の在り方とグループ本社等の役割

1 グループ経営の意義

図表13−1	グループ経営と親会社の役割

親会社 ──→ 多くの子会社を保有。グループ経営
　　└──→ 経営支配・管理等の役割

　わが国の企業社会において大規模な上場会社の企業経営は一般にその会社単体ではなく，多数の子会社を有するグループ単位で行われている。そこで，グループ経営のガバナンスの在り方が重要になることから，大規模でグローバルな上場会社を主な対象として「グループ・ガバナンス・システムに関する実務指針（以下，「グループガイドライン」という）」が経済産業省の研究会により策定されている。

　近時は，特に親子上場における上場子会社のガバナンスの問題がよく取り上げられている。親子上場のメリットには，子会社が市場から独自に資金調達を獲得することによる成長の加速や，事業価値の顕在化，子会社のパフォーマンスの向上，支配株主のモニタリングによる株主と経営者との間のエージェンシー問題の後退等が指摘されている。しかし，反対に，少数株主保護の観点からは特に親会社（支配株主）と子会社との取引の公正性の確保等を中心として後述のような問題も多く指摘されている。

　会社法上，企業グループとは「親会社・子会社からなる企業集団」をいう（会社法施行規則100条1項）。子会社は，親会社がその総株主の議決権の過半数（50%超）を有する株式会社その他の当該親会社がその経営を支配している法人であり，親会社は子会社の経営を支配している法人になる（会社法2条3号・4号等）。グループ経営において，親会社は事業会社や持株会社（ホールディング・カンパニー）になる。

┌─ 会社法の関連テーマ：持株会社等の形成とそのメリット ─┐

　グループ経営が大企業を中心に増えている。グループ経営となる経営統合や持株会社の設立等の際には，会社法上の株式移転という手法がよく用いられる（同法772条以下）。親会社が持株会社となって傘下にある多くの子会社を支配し，企業グループ（集団）の経営全般を管理する体制である。グループガイドライン等では，親会社や親会社取締役会の役割等が明確にされている。

　持株会社のメリットとしては，合併と異なり独立性を維持したまま緩やかでソフトな経営統合が可能であることなどがあるが，持株会社の子会社に対する権限や責任が不明確なことなどのデメリットも挙げられる。他社の子会社化を行う際には，株式交換のほか，令和元年の会社法改正で株式交付という手法も新たに導入されている（同法767条以下，774条の２以下）。ガバナンス・コード等はグループ経営の公正かつ効率的な運営を目指すものといえる。

└────────────────────────────┘

2　グループ経営と会社法・実務指針等

　グループ企業のコーポレート・ガバナンスは，会社法においてはこれまで従属会社の株主の保護の問題を中心に議論されてきた。そこで，連結計算書類の情報開示や多重代表訴訟等の規制の整備も進んできたが（同法444条，847条の３等），現在でも体系的な企業結合規制ないし企業グループ規制の整備は課題として残されている。

　この点，グループガイドラインがコーポレートガバナンス・コードを補完するものとして，重要なベストプラクティスを提示している。ソフトローによるルール形成である。グループガイドラインの内容は実務上参照されるのみならず，今後判例や学説，ひいては制定法である会社法を含む法的なグループ企業の経営ルールの在り方にも影響を及ぼしていくことになることが予想される。そこで，以下では，会社法の内容とともにグループガイドライン等の重要なポイントを検討していくことにする。

3　グループ経営と取締役会等の役割

(1)　グループ経営の課題

　グループ経営の設計に際しては，迅速な意思決定と一体的経営，実効的な子

会社の管理等の必要性を総合的に勘案し，分権化（事業部門への権限委譲）と集権化（本社によるコントロール）の最適なバランスが重要な検討課題になる。グループ経営においては，各社の財務的シナジーと事業的シナジーの最適な組合せを明確にしたうえで，グループ設計やガバナンスの在り方が慎重に検討される必要がある。

これに関し，ガバナンス報告書においては上場子会社を有する場合，グループ経営に関する考え方と方針とともに，それらを踏まえた，①上場子会社を有する意義や，②上場子会社のガバナンス体制の実効性に関する方策の記載が求められている。①の記載はグループとしての企業価値の最大化の観点を踏まえる必要があり，②の記載には親会社としての関与の方針や少数株主保護の観点からの上場子会社の独立性確保のための方策等が含まれる。

また，親会社（非上場会社を含む）を有する場合には，少数株主保護の観点から，親会社からの独立性確保に関する考え方・施策等の記載が必要になる。グループ経営を含む事業ポートフォリオ（組合せ）の検討については，第3章第3節を参照して欲しい。

＜ポイント：相談役や顧問等の役割と情報発信＞

上場会社には，相談役や顧問等の役職が置かれることがある。退任した社長・CEO が就く場合が多く，財界の活動等会社にとって有用なこともあるが，経営への不当な影響力の行使等その役割が不明確であるという批判も見られる。相談役等は会社法には規定のない役職である。

そこで，近時のコーポレート・ガバナンス報告書では，退任した社長等が相談役や顧問等に就任する場合，その氏名，役職・地位，業務内容等を記載し，積極的に情報発信を行うことが望まれている。他社の社外役員への就任も，社会貢献という点では有用である。

また，取締役会長を置く会社もあるが，その権限や肩書（代表権の付与等）は様々であり，会長の位置付けも明確化されることが望ましい。ガバナンスの明確化という観点からは取締役会長は，取締役会議長として監督に集中し，取締役会評価に力を入れる等により，現社長・CEO との役割の違いを明確にすることも求められうる。

(2)　グループ本社と取締役会の役割

　グループ経営の在り方を巡っては，グループ本社と取締役会の役割が重要になる。まず，グループ本社（いわゆるコーポレート部門）の役割には，①グループ全体の方向性（経営理念等）の決定と実行モニタリング，②グループの顔としての対外発信（PRやIR活動等），③グループ全体の経営資源の効率的な確保と適切な配分，④事業ポートフォリオ戦略の策定・実行，⑤グループとしての内部統制システムの構築と運用の監督，⑥中長期の事業部横断的な課題への対応等がある。

　次に，グループ本社の取締役会は，①グループ全体のガバナンスの実効性と②子会社における機動的な意思決定を両立させる観点が重要になる。そこで，グループ各社の業務執行等に対する適切な関与を検討することになる。そうした役割は，取締役会の実効性評価のなかで確認される。

(3)　親会社と一般株主との間の利益相反リスク

図表13－2	親会社と一般株主との間の利益相反

親会社 ←── 不動産等の取引 ──→ 子会社
　　　　　└─→ 利益相反リスク：子会社や子会社の一般株主に不利益

　グループ経営を行う上場会社では，上場子会社のガバナンス（不正等のチェックシステム）の在り方も重要になる。上場子会社については，前述のように支配株主である親会社と上場子会社の一般株主（少数株主）との間に構造的な「利益相反リスク」が存在するため，親会社が子会社から不当な経済的搾取を行っているのではないかといったおそれや，そうした懸念が外部から疑われやすくなる。

　そうした利益相反リスクが生じやすい具体的な場面は，どのようなものであろうか。そのような場面としては，親会社と子会社との間における，①直接取引（親子会社間の不動産等の取引や子会社から親会社への現金の預入れ等），②事業譲渡・事業調整（子会社から親会社への一部事業部門の事業譲渡や生産委託），③支配株主による完全子会社化（親会社が公開買付け〔TOB〕等により子会社の少

数株主から株式を買い取り，完全〔100％〕子会社化する場合）といった3つの類型が典型例として挙げられている。グループ経営における「利益相反リスクの3類型」として知られる。

　こうした場面で，①においては，親会社が支配的な影響力を利用して，子会社との間でできるだけ安い価格や低い金利での取引を行うリスクがあり（適切な対価や利子が支払われないなど），②では，親会社が子会社から不当に安い対価で事業の譲渡等をさせられるリスクが生じ（公正な対価が支払われないなど），③の状況では，親会社が子会社の一般株主から不当に安い価格により株式を取得するリスクがある。そのような利益相反状況における取引等については，子会社と子会社の一般株主（少数株主）に対し，不当に不利益を及ぼすリスクが存在する。

　これらの状況では，子会社等にとって，親会社による公正な対価や利子の支払等が確保される必要がある。特に子会社が上場している場合は，資本市場を通じて多くの零細な投資者が株主となっているため，公正なガバナンスによるチェックシステムの整備が求められる。そのため，以下のようなガバナンス・コード等による対応が重要になる。

第2節　親会社の取締役会や支配株主の責務等

1　親会社取締役会と親会社取締役の責務

　グループ経営においては，グループとしてのリスク管理を適切に行うため，内部統制システムの構築・運用が重要になる。企業集団内部統制ないしグループ内部統制システムと呼ばれる（会社法362条4項6号等）。親会社取締役会は，グループ全体の内部統制システムの構築に関する基本方針を決定し，子会社を含めたその構築・運用状況を監視・監督する責務を負うと考えられる。この監視・監督には，定期的な見直しや不祥事発生の再発防止策等も含まれる。

　親会社取締役には，子会社を適切に管理する義務があると解される。親会社取締役の子会社管理義務という。その根拠には議論もあるが，子会社株式も親会社の保有する資産であるため，子会社株式の価値を維持すべく管理すること

も，株主である親会社としての義務に含まれるとする見解が学説上有力である。実際に子会社の不正な取引について，親会社取締役の監視・監督義務等といった善管注意義務等（会社法330条，民法644条等）の違反を認定した株主代表訴訟も見られる（福岡高判平24・4・13金判1399号24頁等）。

2 支配株主の責務とガバナンス・コード

(1)　少数株主の利益保護の要請

　グループ経営に関し，支配株主やそれに準ずる主要株主のいる上場会社（親子上場における上場子会社等）においては，支配株主等と一般株主との間に構造的な利益相反リスクがある。そこで，一般株主ないし少数株主の保護の観点から，グループ・ガバナンスの強化が重視されている。この点，ガバナンス・コードの【基本原則4】の「考え方」においては，支配株主は，会社および株主共同の利益を尊重し，少数株主を不公正に取り扱ってはならないのであって，支配株主を有する上場会社には，少数株主の利益を保護するためのガバナンス体制の整備が求められるとされている。

　これはコンプライ・オア・エクスプレインの対象ではないが，支配株主を有する会社および支配株主には，この考え方を踏まえた適切な対応をとることが期待されており，重要な意義を持つ。支配株主の責任をどのように位置付けるべきかという点は会社法上，グループ・ガバナンスないし企業集団規制の中心的な問題になる。こうした問題は，後述の対話ガイドラインとも併せて理解したい。

(2)　支配株主を巡る会社法上の学説や判例の動向

　会社法において株主の責任は有限責任が原則とされ（同法104条），出資後は会社や会社債権者等に対し，法人格否認の法理等の例外を除き，何も責任を負わないとされている。しかし，アメリカやドイツ法等では一般に，支配株主ないし多数派の株主は会社や少数派の株主に対し，「受託者責任ないし信認義務（フィデューシャリー・デューティー）」を負うと考えられており，支配株主の少数株主の利益保護義務ともいわれる。

　わが国の学説等においては近年，企業の合併・買収（M&A）や経営者が関

与する自社の買収（MBO，マネジメント・バイアウト），親会社等の支配会社を有する上場子会社等を中心に，支配株主には一定の責務が求められるのではないかとの見解が増えている。M&Aにおいて対象会社の取締役は，善管注意義務と忠実義務（会社法330条，355条）の一環として，株主共同の利益に配慮する義務を負うともいわれる。判例においても，MBOに際し，株主共同の利益を重視し，取締役等は公正な企業価値の移転を図らなければならない義務（公正価値移転義務）を負うとする判例もある（東京高判平25・4・17判時2190号96頁や大阪高判平27・10・29判時2285号117頁等の株主による取締役等に対する責任追及事例）。M&AやMBOについては，第4章を参照。

(3) 少数株主保護方針

　この点に関し，ガバナンス報告書により支配株主を有する会社に対しては，支配株主（親会社・支配株主とその近親者やそれらの支配する会社等）と取引等を行う際における「少数株主の保護の方策に関する指針」の記載が求められている。少数株主保護方針という。

　少数株主保護指針には，支配株主との取引等により会社や少数株主を害することを防止するための社内体制構築の方針，社内意思決定手続や後述する特別委員会の設置等を具体的に記載しなければならない。対象となる取引等の基準については，各社の規模や体制によっても柔軟性が認められうる。

③ 対話ガイドラインと支配株主の責務

　また，対話ガイドラインの意見書によれば，グループ・ガバナンスの在り方として，上場子会社において少数株主を保護するためのガバナンス体制の整備が重要とされている。そこで，前述したガバナンス・コードの【基本原則4】の「考え方」と同様に，支配株主は会社および株主共同の利益を尊重し，少数株主を不公正に取り扱ってはならないとされる。支配株主を有する上場会社においては，より高い水準の独立性を備えた取締役会構成の実現や，支配株主と少数株主との利益相反が生じうる取引・行為（親会社と子会社との間の直接取引等の前述した利益相反リスクの3類型）のうち，重要なものについての「独立した特別委員会」における審議・検討を通じて，少数株主の保護を図ることが求

められている。

　特に，支配株主を有する上場会社においては，独立社外取締役の比率および
その指名の仕組みについて，取締役会として支配株主からの独立性と株主共同
の利益の保護を確保するための手立てを講ずることが肝要になる。なお，支配
株主に準ずる支配力を持つ主要株主（支配的株主）を有する上場会社にも，同
様の対応が要請されている。「支配的株主」の範囲については，株式の保有比
率や契約関係等から総合的に各会社で実質的判断が行われる（2021年改訂のフォ
ローアップ会議意見書）。

◁ ポイント：受託者責任等の意義 ▷

　ガバナンス・コードでは，受託者責任という言葉が重要なキーワードになる。
取締役・監査役等は，株主から経営を付託された者としての責任（受託者責任）
を負うとされる。支配株主（親会社等）の責務も問題になる。
　受託者責任は，信認義務（fiduciary duty）ともいわれる。スチュワードシッ
プ・コードにおける機関投資家のスチュワードシップ責任も，他人の財産運用等
を委ねられているという局面で，ほぼ同様の意味を持つ。受託者責任は会社法上
の取締役の忠実義務（355条）という概念が近く，忠実義務は法令・定款・総会
決議の遵守義務を含むものであるが，その意義や善管注意義務との関係等を巡っ
ては種々の議論がある。

第3節　支配株主を有する上場会社と独立社外取締役等

1 相当数の独立社外取締役の選任か特別委員会の設置

　この点，ガバナンス・コードの【補充原則4-8③】では，支配株主を有す
る上場会社は，取締役会において支配株主からの独立性を有する独立社外取締
役を少なくとも3分の1以上（プライム市場上場会社においては過半数）選任す
るか，または支配株主と少数株主との利益が相反する重要な取引・行為につい
て審議・検討を行う，独立社外取締役を含む独立性を有する者で構成された特
別委員会を設置すべきであるとされている。

支配株主が存在する上場会社には，標準的な基準よりもさらに厳しい基準が適用され，①相当数の独立社外取締役の選任か，②独立した特別委員会の設置かのうち，いずれかの対応を求めるものである。親会社や支配株主がいる会社（親子上場の子会社が典型例）では，一般株主ないし少数株主の利益が犠牲にされるおそれが強いことから，支配株主から一般株主の利益を守るため経営の規律付けを強化する趣旨による。

そのような状況においては，特に利益相反の防止が重視される。なお，支配株主とは，「親会社または議決権の過半数を直接もしくは間接に保有する者」とされ，①親会社か②主要株主のいずれかに該当する者をいう（東証の有価証券上場規程2条2号，同条42号の2，同施行規則3条の2等）。

2 特別委員会の意義と役割

前述したガバナンス・コードの【補充原則4−8③】によれば，候補人材の制限等により，独立社外取締役の加重要件への対応を実施することが困難な「支配株主を有する上場会社」においては，特別委員会の設置が必要になる。その場合，利益相反取引・行為についての審査機関（会議体）は，取締役会ではなく，独立性の高い特別委員会になる点に注意を要する。

特別委員会の委員の全員が支配株主からの「独立性を有する者」である必要はあるが（独立社外取締役のみで構成等），取締役ではなく，監査役もその委員として許容される。特別委員会は必ずしも常設としなくてもよく，その開催の頻度等については各社において個別の事情等を踏まえて判断される。

ここでは，「支配株主と少数株主との利益が相反する重要な取引・行為」の意義やその範囲が問題になる。市場価格による取引や通例的な取引は含まれないのに対し，非通例的な取引である，会社支配権を巡る取引（少数株主のスクイーズ・アウトを含む場合）や会社の事業機会・経営資源の配分に関わるような重要性の高い取引・行為が，それに当たることになりうる。

利益相反性が強いため，特に「利益相反管理」が必要になる。特別委員会は，構造的な利益相反の問題から，取締役会に期待される役割の補完や代替する趣旨で独立した主体として設置される会議体であり，M&A指針においてもMBOや支配株主による買収について特別委員会の任意の設置が求められてい

る（第４章第３節③を参照）。そのため，実際に特別委員会が設置されるケースはかなり増加している点に注意を要する。

◇ ポイント：社外取締役と各種の委員会 ◇

　ガバナンス・コード等では，法定の委員会のほかにも，社外取締役等が参加する様々な委員会の設置や活用が重視されており，その名称とともに活用の趣旨を理解する必要がある。ガバナンス・コードの【補充原則４−８③】のような支配株主を有する場合やMBO等における「特別委員会」は，利益相反の防止ないし公正性を担保するという役割を持ち，買収防衛策の発動等の際にも設置されうる。【補充原則４−８①】では，独立社外者のみの会合として，いわゆる社外取締役委員会の開催も提言されている。

　任意の指名委員会や報酬委員会，サステナビリティ委員会等も重視される。また，会社で大規模な不祥事が発生した場合には，社内調査委員会や第三者委員会等が設置されることが多い。内部統制システムの整備においては，コンプライアンス委員会やリスクマネジメント委員会等が設置されることもある。

③　内部統制システムや内部監査部門等

　大会社の取締役会は，その会社と親会社や子会社から成る企業集団における業務の適正を確保するための体制の整備を決定しなければならない（会社法362条４項６号等）。企業集団内部統制と呼ばれる。また，監査役等（監査役・監査等委員会・監査委員会）は内部統制システムの有効性の監査を担っている（会社法施行規則129条１項５号等）。

　グループ全体の内部統制システムの監査については，親会社の監査役等と子会社の監査役等の連携により，効率的に行うことが求められている。親子会社の間における「縦の連携」といわれ，子会社における監査の実効性を高めるために，親会社の監査役等・会計監査人と子会社の監査役等や内部監査部門等との間の連携が重視される。

　親会社が子会社の内部監査を定期的に行うことで，親子間の監査項目や監査のレベルの統一性を図るとともに，会計監査人との事前・事後の情報交換によって透明性や効率性を高めていくことが期待されている。金融商品取引法上，会

計監査人（公認会計士・監査法人）も内部統制システムの有効性を監査する役割を担っていることも重要である（同法193条の2第2項等）。

　ガバナンス報告書でも，グループ会社を有している場合，その整備状況について記載することが求められている。グループ内部統制システムに関し，親会社の子会社従業員に対する義務が問題になった事例も見られ（最判平30・2・15判時2383号15頁），グループ内部統制システムの重要性は大きくなってきている。そうした監査役等の機能発揮のためには，「内部監査部門（Internal Audit）」の活用を図ることが有効である。そうした内部監査部門から事業執行ラインへの報告に加えて，監査役等に対しても直接のレポートライン（報告経路）を確保することが重要になり，デュアル・レポーティングといわれる。

　特に企業不祥事等が発生し，経営陣の関与が疑われる場合には，監査役等への報告を優先することを定めておくことも検討されうる。法務部門等との連携も有用であろう。なお，内部監査部門の意義については第11章第3節，グループ会社の有する複数の事業ポートフォリオ（組合せ）の見直し等は，第3章第3節を参照。

◆　検討課題

(1)　グループ経営の在り方とグループ本社の役割について，説明しなさい。グループ経営において親会社と一般株主との間の利益相反リスクには，どのような類型があるのか。

(2)　親会社の取締役会や支配株主の責務等について，検討しなさい。支配的株主の責務になる少数株主の利益保護義務とは何か。受託者責任ないし信認義務とはどのようなものか。

(3)　支配株主を有する上場会社における独立社外取締役や特別委員会は，どのように位置付けられているか。グループ経営における内部統制システムの意義と役割はどうなるか。内部監査部門との関係については，どのように考えるべきか。

資　料

1．コーポレートガバナンス・コードの概要〜全体の地図〜

第1章　株主の権利・平等性の確保

【基本原則1】株主の実質的な権利・平等性の確保と権利行使の環境整備，少数株主や外国人株主への十分な配慮を要請→7つの原則と11の補充原則

- 【原則1−1．株主の権利の確保】3つの補充原則
  →反対票への対応，株主総会の決議事項の委任，少数株主権への配慮等。
- 【原則1−2．株主総会における権利行使】5つの補充原則
  →招集通知の早期発送・開催日程の適切な設定，電子行使の環境作り等。
- 【原則1−3．資本政策の基本的な方針】
  →資本政策の基本的な方針の説明。株主の利益への影響に配慮。
- 【原則1−4．政策保有株式】2つの補充原則
  →政策保有の方針の開示，毎年の検証と開示，議決権行使の基準の開示等。
- 【原則1−5．いわゆる買収防衛策】1つの補充原則
  →必要性・合理性の検討，適正な手続の確保，株主への十分な説明等。
- 【原則1−6．株主の利益を害する可能性のある資本政策】
  →増資やMBO等の必要性・合理性の検討，適正な手続の確保，十分な説明等。
- 【原則1−7．関連当事者間の取引】
  →会社と役員や主要株主等との取引に関する適切な手続の策定や開示・監視等。

第2章　株主以外のステークホルダーとの適切な協働

【基本原則2】様々なステークホルダーとの適切な協働，その権利・立場や健全な事業活動倫理を尊重する企業文化・風土の醸成を要請→6つの原則と4つの補充原則

- 【原則2−1．中長期的な企業価値向上の基礎となる経営理念の策定】
  →経営理念の策定において社会的な責任を踏まえ，ステークホルダーへも配慮。
- 【原則2−2．会社の行動準則の策定・実践】1つの補充原則
  →取締役会による行動準則の策定・改訂や遵守確認の定期的レビュー等。
- 【原則2−3．社会・環境問題等のサステナビリティを巡る課題】1つの補充原則
  →サステナビリティ課題への対応を要請。地球環境や労働環境等が列挙。
- 【原則2−4．女性の活躍促進を含む社内の多様性の確保】1つの補充原則
  →女性・外国人・中途採用者等の中核人材の登用，人材育成方針の開示等。

- 【原則2−5．内部通報】1つの補充原則
  →独立した窓口の設置等の適切な体制整備と運用状況の取締役会の監督等。
- 【原則2−6．企業年金のアセットオーナーとしての機能発揮】
  →運用の専門性の向上，適切な人材登用・配置等や取組みの開示等。

第3章　適切な情報開示と透明性の確保

【基本原則3】会社の財務情報や経営戦略・経営課題，リスクやガバナンスに係る情報等の非財務情報についての法令・法令上の開示以外の情報提供にも主体的に取り組み，開示・提供される情報が正確で利用者にとってわかりやすく，情報として有用性の高いものとなるよう要請→2つの原則と5つの補充原則

- 【原則3−1．情報開示の充実】3つの補充原則
  →経営理念・経営戦略・経営計画，経営陣等の報酬・選解任の方針等の開示等。
- 【原則3−2．外部会計監査人】2つの補充原則
  →独立性・専門性の確認，十分な監査時間・CEO等へのアクセスの確保等。

第4章　取締役会等の責務

【基本原則4】取締役会による(1)企業戦略等の大きな方向性の提示，(2)経営陣幹部による適切なリスクテイクを支える環境整備，(3)経営陣・取締役に対する実効性の高い監督を行うことなどの役割・責務の適切な実施を要請→14の原則と23の補充原則

- 【原則4−1．取締役会の役割・責務(1)】3つの補充原則
  →経営理念等の確立，戦略的方向付けと経営戦略や経営計画等の建設的議論等。
- 【原則4−2．取締役会の役割・責務(2)】2つの補充原則
  →経営陣の支援と報酬のインセンティブ付け，サスティナビリティ方針の策定等。
- 【原則4−3．取締役会の役割・責務(3)】4つの補充原則
  →経営陣等の監督・評価，情報開示の監督，内部統制・リスク管理体制の整備等。
- 【原則4−4．監査役および監査役会の役割・責務】1つの補充原則
  →客観的立場で適切に判断，能動的・積極的な権限行使，社外取締役との連携等。
- 【原則4−5．取締役・監査役等の受託者責任】
  →ステークホルダーとの適切な協働，会社や株主共同の利益のために行動等。
- 【原則4−6．経営の監督と執行】
  →取締役会の独立・客観的な経営監督の実効性確保，非業務執行取締役の活用等。
- 【原則4−7．独立社外取締役の役割・責務】
  →経営方針等への助言，経営や利益相反の監督，少数株主等の意見の反映等。
- 【原則4−8．独立社外取締役の有効な活用】3つの補充原則

→十分な人数の選任，会合の定期的開催，筆頭者の決定，特別委員会の設置等。
- 【原則4－9．独立社外取締役の独立性判断基準および資質】
  →実質的な独立性判断基準の策定・開示，適切な候補者の選定等。
- 【原則4－10．任意の仕組みの活用】1つの補充原則
  →独立社外取締役等からなる指名委員会・報酬委員会の適切な関与・助言等。
- 【原則4－11．取締役会・監査役会の実効性確保の前提条件】3つの補充原則
  →多様性と適正規模，各取締役のスキル等の開示，取締役会の実効性評価・開示。
- 【原則4－12．取締役会における審議の活性化】1つの補充原則
  →資料の事前配布・必要な情報提供・適切な頻度，十分な審議時間の確保等。
- 【原則4－13．情報入手と支援体制】3つの補充原則
  →能動的な情報の入手，調査権限の行使，内部監査部門との連携・直接報告等。
- 【原則4－14．取締役・監査役のトレーニング】2つの補充原則
  →知識習得等のトレーニングの機会の提供等やその確認，方針の開示等。

第5章　株主との対話
【基本原則5】株主総会の場以外にも株主との間での建設的な対話の実施，経営陣幹部等による経営方針の株主への説明・理解を得る努力や株主を含むステークホルダーへの適切な対応に努力を要請→2つの原則と4つの補充原則
- 【原則5－1．株主との建設的な対話に関する方針】3つの補充原則
  →対話（面談）促進の体制整備・対話方針の検討や開示，株主構造の把握等。
- 【原則5－2．経営戦略や経営計画の策定・公表】1つの補充原則
  →収益計画や資本政策の方針や資本効率等の目標の提示，株主への説明等。

2．スチュワードシップ・コードと対話ガイドラインの概要

　スチュワードシップ・コード（SSコード）は，「機関投資家」に対し，そのスチュワードシップ（管理）責任を重視して，8つの原則と指針を列挙している。その概要は，①機関投資家としてのスチュワードシップ責任を果たすべき明確な方針の策定・公表，②管理すべき利益相反についての明確な方針の策定・公表，③投資先企業の状況の的確な把握,④投資先企業との建設的な「目的を持った対話（エンゲージメント）」による認識の共有と問題の改善，⑤議決権の行使・行使結果の公表についての明確な方針の保持と工夫，⑥顧客や受益者に対する議決権行使等の定期的な報告，⑦投資先企業や事業環境等の深い理解に基づく対話・判断を適切に行うための実力の保持，⑧機関投資家向けのサービス提供者（議決権行使助言会社等）の適切な体制の整備等,である。

190

　対話ガイドラインはガバナンス・コードとSSコードの附属文書と位置付けられており，4つの項目に分かれる。それは，①経営環境の変化に対応した経営判断（経営戦略の策定・公表等），②投資戦略・財務管理の方針（人的資本への投資等），③CEOの選解任・取締役会の機能発揮等（指名・報酬委員会の活用等），④ガバナンス上の個別課題（株主総会の在り方，政策保有株式等），になる。

3．コーポレートガバナンス・コードを補完・実践するための実務指針（ガイドライン）等

　①経済産業省の「グループ・ガバナンス・システムに関する実務指針（グループガイドライン）」（令和元年）…グループ指針，②経済産業省の「公正なM&Aの在り方に関する指針〜企業価値の向上と株主利益の確保に向けて〜」（令和元年）…M&A指針，③経済産業省の「コーポレート・ガバナンス・システムに関する実務指針（CGSガイドライン）」（平成30年）…CGS指針，④経済産業省の「事業再編実務指針〜事業ポートフォリオと組織の変革に向けて〜（事業再編ガイドライン）」（令和2年）…事業再編指針，⑤経済産業省の「社外取締役の在り方に関する実務指針（社外取締役ガイドライン）」（令和2年）…社外取締役指針，⑥株主総会に関し，経済産業省の「ハイブリッド型バーチャル株主総会の実施ガイド」や「新時代の株主総会プロセスの在り方研究会」の報告書（令和2年）等。策定後，適宜，改訂もありうる。

4．上場会社の不祥事に関する2つのプリンシプル

　日本取引所自主規制法人が上場会社に対し，不祥事（重大な不正・不適切な行為等）に関する2つの行動指針を策定。ガバナンス・コードとの関係でも重要な意義。
（1）上場会社における不祥事対応のプリンシプル（平成28年2月）
　①不祥事の根本的な原因の解明（必要十分な調査体制の構築等），②第三者委員会を設置する場合における独立性・中立性・専門性の確保（委員の選定プロセス等），③実効性の高い再発防止策の策定と迅速な実行（再発防止策の運用・定着の検証等），④迅速かつ的確な情報開示（透明性の確保に努力）。
（2）上場会社における不祥事予防のプリンシプル（平成30年3月）
　①実を伴った実態把握（自社のコンプライアンスの状況），②使命感に裏付けられた職責の全う（経営陣・監査機関等），③双方向のコミュニケーションの充実（現場と経営陣の間の情報共有），④不正の芽の察知と機敏な対処（早期の把握と迅速な対処），⑤グループ全体を貫く経営管理（自社グループの構造や特性等に応じた実効的な経営管理），⑥サプライチェーンを展望した責任感（業務委託先や仕入先・販売先等での問題発生への責務の遂行）。

5．コーポレートガバナンス・コード関連の年表

平成11年：OECD（経済協力開発機構，Organisation for Economic Co-operation and Development）が「OECD コーポレート・ガバナンス原則」を策定。
平成16年：東京証券取引所が「上場会社コーポレート・ガバナンス原則」を導入。
平成18年：東京証券取引所が「コーポレート・ガバナンスに関する報告書」を導入。
平成19年：東京証券取引所が企業行動規範を導入。平成21年には独立役員制度も導入。
平成25年：政府が経済の復興を目指す『日本再興戦略』に，コーポレート・ガバナンスの見直しが主要施策として明記。日本取引所グループも発足（東京証券取引所と大阪証券取引所が統合）。コーポレート・ガバナンス改革へ。
平成26年：金融庁が「日本版スチュワードシップ・コード」を策定（その後改訂）。
平成27年：金融庁と東京証券取引所が「コーポレートガバナンス・コード」を策定（その後改訂）。平成30年には，金融庁が「対話ガイドライン」を策定（その後改訂）。
令和元年：会社法の改正により，上場会社等の社外取締役の設置義務等が導入。
令和４年：東京証券取引所が市場区分を再編（プライム市場，スタンダード市場，グロース市場）。

6．コーポレートガバナンス・コードに関連する法律

(1)　会社法

　会社法は企業経営の憲法ともいわれ，主に会社運営の公正性・健全性を確保し，会社関係者の公正な利害調整をすることを目的としている。株式会社を中心としてその設立手続のほか，株式の性質・種類・株主名簿の作成・株式譲渡の手続・自己株式の取得や保有等の規制等や，株主有限責任の原則・株主の権利（議決権・配当請求権・経営監督権等）・株主平等原則等を定めている。

　会社の機関（ガバナンス）ないし組織の運営面では，株主総会・取締役会・代表取締役等の資格・任期・権限等のほか，役員等（取締役や監査役・会計監査人等）の義務と責任等が規定されている。会社の機関は会社の規模や公開性・取締役会等の機関の設置等により異なってくるが，ガバナンス・コードの中心となる上場会社はほぼ大規模な公開会社と重なる。監査役会設置会社や２つの委員会型の会社（監査等委員会設置会社・指名委員会等設置会社）が中心になる。株主代表訴訟等も重視される。

　会社の資金調達（ファイナンス）の側面に関しては，株式・新株予約権・社債の発行等が重要になり，株式等の発行手続等が定められている。会社には，会計帳簿や計算書類等の作成・保存等の義務も課されているほか，資本金や剰余金の配当等の規制

もある。会社の組織再編では，合併・会社分割・株式交換・株式移転・株式交付等のルールを規定している。こうしたルールのなかでは，特に株主の保護と会社債権者の保護が重視されている。会社法は企業法制である商法の分野（ビジネス・ロー）の中心になる。

(2)　金融商品取引法（金商法）〜公開会社法の一部〜

　金融商品取引法は資本市場法とも呼ばれ，金融・資本市場を巡るルールになる。市場（マーケット）の公正な価格形成機能の確保を主な目的としたうえで，投資者の保護を重視している。公開会社法としての側面も持つ。

　金融商品として，有価証券（株式や社債等）やデリバティブ取引（先物取引等）が広く規制対象になる。上場会社の有価証券報告書・有価証券届出書等といった「企業内容等に関する情報開示制度（ディスクロージャー）」の規制が中心である。内部統制制度と公認会計士による監査制度等が情報開示の信頼性を支えている。上場会社の株券等の大量取得（会社の経営支配権の獲得）や大量保有の状況の情報開示に関しては，公開買付制度（TOB）や大量保有報告書制度（5％ルール）が重要になる。

　不公正取引の規制では，インサイダー（内部者）取引や相場操縦（株価操作等）に対する厳格な禁止規定等といった市場の公正さを確保するためのルールを定めている。金融庁や証券取引等監視委員会が主な規制監督の主体であり，金融商品取引所や金融商品取引業協会等の自主規制機関によるルールも重視される。

　違反行為は，行政上の課徴金や刑事罰（懲役・罰金等）のほか，損害賠償責任等の対象になる。金融・資本市場の中核である証券市場は，大規模な株式会社が多く利用しているため，大規模公開性の会社について金商法と会社法の規制内容は一体的に理解する必要性が大きい。

索　引

〈著者紹介〉

松岡　啓祐（まつおか　けいすけ）

　専修大学法科大学院教授

　東京都出身。早稲田大学大学院法学研究科博士課程単位取得退学後，1994年専修大学法学部専任講師，助教授を経て，現職。専門は商法，会社法，金融商品取引法。元公認会計士試験委員（2012年より2021年まで企業法を担当）。

　主要著書・論稿として，『証券会社の経営破綻と資本市場法制－投資者保護基金制度を中心に』（中央経済社，2013年），『最新金融商品取引法講義（第6版）』（中央経済社，2021年），『最新会社法講義（第4版）』（中央経済社，2020年），『商法総則・商行為法のポイント解説』（財経詳報社，2018年），『ロースクール演習会社法〔第5版〕』（共著）（法学書院，2022年），『商法演習Ⅰ　会社法』（共著）（成文堂，2020年），『会社法重要判例〔第3版〕』（共著）（成文堂，2019年），「東証『上場制度整備実行計画2009』の概要」（月刊監査役568号，2010年），「アメリカにおける証券の過当売買の規制と認定基準（一）～（四・完）」早稲田大学法研論集63号以下（1992年～1993年），『金融商品取引法判例百選』（共著）（有斐閣，2013年）。

コーポレートガバナンス・コード講義
――会社法と金融商品取引法との関連性

2022年5月1日　第1版第1刷発行

著　者	松　岡　啓　祐	
発行者	山　本　　　継	
発行所	㈱ 中　央　経　済　社	
発売元	㈱中央経済グループ パ ブ リ ッ シ ン グ	

〒101-0051　東京都千代田区神田神保町1-31-2
電話　03 (3293) 3371（編集代表）
　　　03 (3293) 3381（営業代表）
https://www.chuokeizai.co.jp
印刷／文唱堂印刷㈱
製本／㈲井上製本所

©2022
Printed in Japan

＊頁の「欠落」や「順序違い」などがありましたらお取り替えいたしますので発売元までご送付ください。（送料小社負担）
ISBN978-4-502-42451-9　C3032